A LA MANERA DE UN PASTOR

La misión de Editorial Vida es ser la compañía líder en satisfacer las necesidades de las personas con recursos cuyo contenido glorifique al Señor Jesucristo y promueva principios bíblicos.

A LA MANERA DE UN PASTOR
Edición en español publicada por
Editorial Vida – 2005
Miami, Florida

©2005 por Kevin Leman & William Pentak

Originally published in the USA under the title:
The Way of the Shepherd
© 2004 by Kevin Leman & William Pentak
Published by permission of Zondervan, Grand Rapids, Michigan 49530, U.S.A.

Traducción: *José L. Martínez*
Edición: *Rojas & Rojas Editores, Inc.*
Adaptación de cubierta: *Grupo Nivel Uno, Inc.*
Diseño interior: *Rojas & Rojas Editores, Inc.*

ISBN: 978-0-8297-4390-6

CATEGORÍA: Vida cristiana / Crecimiento personal

IMPRESO EN ESTADOS UNIDOS DE AMÉRICA
PRINTED IN THE UNITED STATES OF AMERICA

11 12 13 14 ❖ 6 5 4 3 2 1

A los dos mejores pastores que conocemos
Jodie y Sande

y al pequeño rebaño de William,
Marshall y Anna

RECONOCIMIENTOS:
John Sloan, editor,
por su perspicacia, espíritu perfeccionista
y ayuda invalorable.

Contenido

LA ENTREVISTA

En mi modesto papel de periodista novato, había terminado de hacer la cobertura de mi tercera ceremonia de inauguración de la semana. Por esa razón encontré la nota rosa de «Mientras se encontraba fuera» con el nombre de Cristina Nickel en ella. Este libro es el resultado de su inesperada llamada a la sala de redacción del *Texas Star*.

Muy deseoso de impresionar a mi editor, había llamado a Cristina hacía tres semanas solicitando una entrevista con el muy dado a recluirse Theodore McBride, el líder empresarial más respetado de los Estados Unidos. Había dirigido la empresa General Technologies durante diecisiete años con éxito sin precedentes en su continuado reinado como director-gerente.

Me preparé para una decepción y llamé por teléfono a Cristina. Ella fue inmediatamente al grano.

—Señor Pentak —me dijo—. El señor McBride me pidió que le llamara.

—Sí, dígame —respondí conteniendo la respiración.

—Él está de acuerdo con la entrevista.

Me quedé petrificado.

El día de la entrevista, llegué un poco antes de la hora señalada a las oficinas centrales de General Technologies con el fin de

ambientarme bien. Dos cosas me llamaron muy pronto la atención. Primera, no era posible evitar darse cuenta de la atmósfera
dinámica reinante. Usted podía notar que los empleados radiaban
energía al ir y venir por el edificio. Segunda, era obvio que General
Technologies se esforzaba por hace sentir a sus empleados que eran
valiosos. Desde el vestíbulo a las oficinas y desde su Caja de Aho-
rros hasta los comedores, incluso en las pantallas de los monitores
en los ascensores, aparecía la frase: «General Technologies: Nuestro personal es nuestra gran ventaja frente a la competencia».

Yo necesito venir a trabajar aquí, pensé para mí mismo mientras
ascendía hasta el piso cuarenta. *Debe ser agradable trabajar en un
lugar donde no te hacen sentir como un piñón en una rueda.*

Poco después me encontraba en la antesala de la oficina de
Theodore McBride, hablando con Cristina Nickel.

—Hola, señor Pentak —me dijo—. El señor McBride le espera. Está terminando una conferencia telefónica y le recibirá
pronto.

—No hay problema —respondí y aproveché la oportunidad
para sondear—. Dígame, ¿cuánto tiempo lleva usted trabajando
para el señor McBride?

Se volvió, me sonrió y dijo:

—Catorce años.

—Eso me hace pensar que le gusta trabajar para él al quedarse
aquí tantos años.

—El señor McBride es la mejor persona con la que he traba-
jado —declaró.

—¿Cómo es eso?

En ese momento ella se dio cuenta de que se había apagado la luz de la extensión del señor McBride en la consola del teléfono.

—Ya ha terminado. Sígame —dijo al tiempo que se dirigía a la puerta y respondía a mi pregunta—. Él espera lo mejor de nosotros, y lo hacemos porque sabemos que él hace lo mismo con nosotros.

La puerta se abrió y me encontré cara a cara con el legendario Theodore McBride, que me miraba como con ojos de abuelo. Me sorprendió al ser él el primero en hablar.

—Es una placer conocerle, señor Pentak —me dijo, al tiempo que apretaba firmemente mi mano entre las suyas—. Yo soy Ted McBride.

De repente me sentí como un niño de nueve años y con pantalones cortos. *No puedo creer que esté tan nervioso*, pensé.

Sin embargo, después de unos minutos de conversación general el anciano empresario me había tranquilizado por completo. Tenía una personalidad encantadora y escuchaba atentamente todo lo que yo decía. Por fin, le hice la pregunta que me había mantenido despierto casi toda la noche.

—Dígame —le dije—, me muero de curiosidad por saber…

—¿Por qué le he elegido a usted para que me hiciera la entrevista? —me interrumpió.

—Sí —dije asintiendo con mi cabeza—, ¿y por qué ahora?

—Porque usted es novato, carece de experiencia y no está todavía contaminado con la arrogancia. En cuanto a por qué ahora, en este momento no necesita saberlo. Solo necesita saber que tengo mis razones.

Notó la expresión de ceño fruncido que yo tenía y continuó:

—No lo tome de forma personal. Recibo cientos de solicitudes cada año para hacer lo que estamos haciendo aquí hoy. Todas ellas proceden de locutores y periodistas veteranos del mundo de los negocios que ya «conocen» todas las respuestas. Se ponen a hablar en la hora de las noticias y pontifican con absoluta certidumbre acerca de lo que el mercado va a hacer y por qué. El único problema es que uno de ellos va a decir con absoluta seguridad que el mercado va a hacia arriba, mientras que otro va a decirnos con la misma seguridad que va para abajo. Esas son las mismas personas que han estado informando sobre mi compañía por años.

»Una vez, uno de los competidores más sensacionalistas escribió, después de que yo había vendido una buena parte de mis opciones de acciones, que yo tenía una información privilegiada acerca de que nuestra compañía iba a experimentar una fuerte bajada en las ganancias. Me acusó de vender antes de que el público tuviera conocimiento y sugirió que las autoridades investigaran mis actividades. Todos los demás medio de comunicación repitieron lo mismo porque eso eran "noticias". El único problema es que la bajada en ganancias nunca sucedió; vendí mis acciones para pagar los gastos de la boda de mi hija, y nada más. Le elegí a usted, señor Pentak, porque usted no escribe de esa manera. Hay sinceridad en sus escritos. Lo que es más importante, usted es suficientemente joven e idealista como para estar abierto a que le enseñen. Yo no voy a pasarle los siete más grandes principios de administración empresarial a alguien que ya conoce todas las respuestas.

—¿Los siete más grandes principios de administración empresarial? —dije entre dientes, preguntándome si la entrevista estaba a punto de transformarse en algo diferente de lo planeado.

—Sí. No es una sorpresa que la General Technologies ha sido la compañía número uno de los Estados Unidos durante la mayor parte de la última década. Hay un espíritu de equipo que no lo encuentra usted en la mayoría de las empresas. Eso no sucedió por accidente.

—¿Sucedió a causa de los siete principios? —pregunté.

—Absolutamente. Lo mejor de ello es que usted no necesita tener una empresa de cincuenta mil empleados para verlos funcionar. Van a funcionar en cualquier escenario, para todo el que los conozca y los lleve a la práctica. No importa si usted es un vendedor de un gigante de la industria farmacéutica, el gerente de un restaurante o el director de una Escuela Dominical. No importa, porque las personas son iguales donde quiera que usted vaya. Lo que necesita es conocer los principios y aplicarlos.

—¿Cómo llegó usted a concebirlos? —inquirí.

—Yo no los concebí —respondió de plano. Se levantó de su asiento y se acercó a la ventana—. Alguien me los pasó. Me los enseñó el hombre más grande que he conocido, después de mi padre. Me los enseñó cuando yo no era mayor de lo que usted es ahora.

Miró por la ventana, haciendo una pausa para crear efecto, y añadió:

—Ahora… yo voy a pasárselos a usted.

Me olvidé rápidamente de mi lista de preguntas preparadas y me dispuse a escribir en mi cuaderno de notas.

CAPÍTULO 1

CONOZCA LA CONDICIÓN

DE SU REBAÑO

Yo estaba a punto de graduarme de la Universidad de Texas en Austin con una maestría en Administración Empresarial —continuó diciendo McBride—. En el último semestre estábamos todos llenos de júbilo porque habíamos sobrevivido a la intensidad del programa de estudios. Nuestros profesores nos habían echado encima tanta información tan deprisa, que solíamos bromear diciendo que aquello era como tomar un trago de agua de un hidrante para incendios. Pero a pesar de sentirnos entusiasmados, también estábamos preocupados por encontrar trabajo y, por tanto, muy ocupados con la correspondencia y entrevistas que teníamos con posibles empresas. Por fin llegó el día que yo tanto había soñado. Me ofrecieron trabajo con General Technologies. Estaba sumamente emocionado… y asustado.

—¿Qué le asustaba? —le pregunté.

—Me contrataron como jefe del departamento de operaciones financieras, donde tendría que supervisar a nueve personas.

—¿Pensaba que no estaría a la altura de la tarea?

—Sí y no. No tenía temor de trabajar en el departamento de finanzas; lo que me espantaba era la idea de supervisar a nueve personas.

McBride se volvió para mirar a algo que estaba en la distancia. Movió su cabeza lentamente.

—Cuando ahora miro para atrás —continuó diciendo—, bueno... me hace reír. Yo era un arrogante graduado de la administración de empresas que conocía todas las respuestas, pero no tenía ni idea en lo concerniente al manejo de personas.

—Entonces, ¿qué hizo? —le pregunté.

—Fui a ver a uno de mis profesores, el doctor Jack Neumann. Él había enseñado uno de los cursos en el programa para la maestría en Administración Empresarial. Era también mi consejero. El día que me dieron el trabajo en General Technologies me sentí ansioso de contarle las buenas noticias. También quería solicitar su ayuda.

—¿Y él fue quien le enseñó los siete principios?

—Exacto.

Así, pues, McBride se sentó y me empezó a contar una historia que a veces parecía más ficción que realidad. Pero según él, lo que aprendió del doctor Neumann es lo que le reveló más de los secretos para llegar a ser un gran líder que cualquier otro principio o programa que jamás ha conocido. Me senté totalmente absorto, listo para escuchar los secretos que le revelaron a McBride cuarenta y cinco años antes, el 12 de abril de 1957.

12 de abril de 1957

Cuando me dieron el trabajo en General Technologies, me fui corriendo por la calle principal de la universidad hasta el edificio de la Escuela de Administración Empresarial, subí a toda prisa las tres escaleras y volé hasta la oficina del doctor Neumann.

—¡Doctor Neumann, me han dado el trabajo! ¿Puede creerlo? ¡La General Technologies me ha contratado?

—¡Magnífico! Felicitaciones, Ted —me dijo poniéndome la mano sobre el hombro—. La General Technologies es una gran empresa. Estoy muy orgulloso de ti. Yo sabía que tú podrías lograrlo. ¿En qué vas a trabajar en esa compañía?

—¡Voy a ser el director del departamento de finanzas! —le respondí.

—¡Eso está muy bien! —contestó Neumann—. Valieron la pena todas esas largas horas que pasaste por las noches estudiando finanzas. Tú serás una buena inversión para la compañía y un gran representante de nuestro programa. Estoy seguro que irá bien.

—Gracias, así lo espero —dije agachando la cabeza—. He consumido tanta energía y tiempo tratando de obtener mi título y pasar por las entrevistas que no he pensando mucho en si de verdad estoy preparado para la tarea.

El doctor Neumann me miró en silencio desde el otro lado de su escritorio.

—Está bien, Ted, ¿qué sucede? ¿Tienes temor de no poder cumplir con el trabajo? No debieras tenerlo, pues con muy pocas excepciones has sacado sobresaliente en todos los exámenes.

—Doctor Neumann no se trata de eso. Lo que me preocupa no es la parte de finanzas —dije tartamudeando. Me sentía avergonzado de aparecer tan débil frente a alguien a quien admiraba tanto.

—Entonces, ¿qué es?

—Es la parte de dirección del personal. Voy a supervisar a nueve empleados. Nunca he supervisado a nadie, y ahora tengo que hacerlo con *nueve*. Doctor Neumann, tengo que ser sincero con usted. Le tengo mucho miedo a esa tarea. No sé ni por dónde empezar.

Empecé a mover torpemente mis manos por unos instantes, al fin levante la vista y dije:

—¿Puede usted ayudarme?

Casi de inmediato se hizo un incómodo silencio en el cuarto. Sentí como que le había fallado a mi consejero. Jack Neumann enseñaba en uno de los mejores programas de Administración Empresarial del país. *No puedo creer que yo haya dicho eso*, pensé. *Él no cuenta con mucho tiempo libre, especialmente para estudiantes que ya ocupan las nueve décimas partes de su tiempo disponible.*

El doctor Neumann estaba sentado en silencio, mirándome como si quisiera penetrar en mí y a la vez pensar algo. Por fin, después de lo que me pareció una eternidad, habló.

—Ted, nunca he conocido a un estudiante, incluyéndote a ti, que no tenga pereza primaveral cuando se encuentra tan cerca del fin de los estudios. Ya es de por sí bastante difícil para los estudiantes no estar mentalmente ausentes de aquí, en especial después de haber aceptado un trabajo. Estoy también consciente de que has tenido bastante carga de tareas en tus clases de estrategias y finanzas y un examen final de Leyes del Comercio que representa 100% de tus notas. Puedo enseñar los secretos de manejar a las personas, pero tú tendrás que seguir manteniendo tu nivel de rendimiento en las clases y tareas y, *además*, darme a mí los sábados desde aquí hasta la graduación.

Ahora era mi turno para quedarme mirándole. Lo que decía era cierto. Estaba teniendo pereza primaveral. Consideraba mis experiencias en aquella escuela como de las mejores de mi vida, pero todo lo que quería en aquellos días era *salir*. Neumann interrumpió mis pensamientos.

—Ted, no me importa dedicarte los sábados, pero no lo haré si no me muestras un espíritu dispuesto a aprender. El costo de esta oportunidad en cuanto a mi tiempo es muy alto. Piensa en ello y llámame esta noche para decirme lo que has decidido.

Aquella tarde me fui a casa y lo estuve rumiando. *Sin duda, GT me entrenará,* pensé. Pero de nuevo, Neumann no era solo un profesor universitario con su nariz metida en libros de texto. Le habían reconocido como el Profesor Sobresaliente del Año más de media docena de veces, en parte debido a su auténtica experiencia en la vida real. Por cierto, todavía mantenía una floreciente oficina como consultor.

No tuve que pensar mucho. «Debo estar medio loco», dije en voz alta al tiempo que marcaba el número del doctor Neumann. Pero antes de que pudiera cambiar de idea y colgar, él respondió al teléfono.

—Hola —dijo él.

—Doctor Neumann…

—Sí, Ted. ¿Qué has decidido?

—Lo voy a hacer.

—Muy bien —respondió él—. Entonces te espero mañana en el edificio de la Escuela de Comercio, en la esquina de Speedway y de Inner Campus Drive, a las 8:00 de la mañana. Yo pasaré por allí y te recogeré. Y no olvides de llevar unos pantalones vaqueros porque puedes mancharte la ropa.

Cuando colgué el teléfono, la cabeza me zumbaba con las preguntas que tenía. *¿En qué me estoy metiendo? ¿Pantalones vaqueros?*

A pesar de mis reservas, yo me encontraba a las 8:00 de la mañana en la esquina indicada, preguntándome si no sería yo el estudiante más tonto de la universidad. Porque después de todo, yo ya tenía un trabajo.

Poco después, una vieja y descolorida camioneta volteó la esquina y paró enfrente de mí. Se abrió la puerta del pasajero y, para mi asombro, allí estaba el doctor Neumann, vestido con una camiseta, unos pantalones vaqueros descoloridos y un par de botas de vaquero. Yo nunca le había visto llevar nada que no fuera un traje y corbata. Pero antes de que me diera cuenta, nos estábamos dirigiéndonos hacia el rancho (hacienda) de los Neumann en la zona montañosa de Texas. Nos metimos por el camino que señalaba al rancho y no tardamos en tenerlo ante nuestros ojos. El tamaño y belleza del lugar me gustó mucho. *Quizá debiera yo meterme en esto de ser consultor*, pensé.

A medio camino de la casa del rancho, tomamos un camino lateral. Como a un kilómetro, vi en el lado derecho un estanque grande y pintoresco, bordeado en uno de sus lados por una hilera de viejos robles. Sus grandes ramas se abrían en abanico, y daban sombra al prado que había detrás. Allí, a la sombra de los árboles, yacía un pequeño rebaño de ovejas. El doctor Neumann estacionó la camioneta al lado del camino y paró el motor.

—Ya hemos llegado —dijo, añadiendo con una sonrisa—, tengo que ver cómo andan mis ovejas.

Miré por la ventana de la camioneta, y dije:

—¿De verdad?

—Sí, Lo primero que hago en la mañana es comprobar cómo le va a mi rebaño. Por lo general lo hago antes de esta hora, pero pensé que a ti te gustaría verlo.

Este hombre tiene que estar bromeando, pensé. «Esto es increíble», dije para mí. Volví la cabeza para que él no viera asombro en mis ojos. Estaba gastando en esto demasiadas horas de estudio que me hacían falta. Si yo hubiera sabido antes de este desvío, me habría dedicado a dormir un poco más, mientras él comprobaba por su cuenta cómo le iba a sus ovejas. Con todo, me imaginé que aquello no llevaría mucho tiempo. Nos meteríamos con las lecciones de administración de personal muy pronto.

—¿Quién lo hubiera pensado —dije al tiempo que abría la puerta— que uno de los profesores universitarios más destacados de administración empresarial y de los consultores del país se dedicara a cuidar ovejas.

Neumann se rió mientras salía de la camioneta.

—¡No le cuentes a nadie mi secreto! Además, quiero mucho a estas ovejas. Me traen a la memoria grandes recuerdos.

—¿De verdad? —dije.

—Yo crecí en Wyoming, donde mi padre estaba encargado de un gran rancho de ovejas —me explicó—. Yo dediqué varios veranos a cuidar de las ovejas como pastor. Fue una experiencia muy instructiva para mí.

A pesar de lo pesaroso que estaba por estar perdiendo aquella preciosa mañana de sueño, empezó a inundarme un fuerte sentido de curiosidad. A medida que Neumann caminaba hacia la puerta, vi que cada oveja en el redil se levantaba y salía a recibirlo, ovejas grandes y bien alimentadas. Cuando se unió a ellas en el prado, las ovejas empezaron a balar.

—Parece que están contentas de verle —dije.

—El sentimiento es mutuo —me contestó—. Ellas me ven a mí o a mi trabajador del rancho al menos dos veces al día. (Extendió su mano para acariciar y palmear a las ovejas.) Anímate hombre, no te van a morder, si eres amable con ellas.

—Está bien —al tiempo que entraba en el redil.

Algunas de las ovejas momentáneamente retrocedieron. Después, como si ya se sintieran seguras de que yo no era un peligro para ellas, me rodearon como hicieron con Neumann.

—Profesor, estas ovejas no huelen muy bien —dije en voz alta.

Neumann se rió.

—Esto para mí es como un paseo entre tulipanes. ¿Qué esperas? ¿El olor de un auto nuevo? Ayúdame a contarlas. ¿Cuántas has contado?

Hice un recuento rápido y respondí:

—Creo que son cuarenta y dos. Es difícil contarlas cuando se están moviendo.

—Correcto —dijo Neumann—. Esas son las que yo conté, y esas son las que debe haber aquí.

—Me alegro —repliqué—. Me imagino que con eso ya terminamos aquí.

—No exactamente. No hemos terminado todavía.

El doctor Neumann empezó a verificar el estado de cada una de las ovejas en su redil, examinándolas a cada una desde la cabeza a las patas. Cuando empezó a examinar la piel para asegurarse de que no tenían gusanos, costras ni señales de enfermedad, me alegré de no haber desayunado. Luego empezó a examinar las pezuñas para estar seguro de que no estaban infectadas.

—Se ven bastante bien —dijo—. Todavía les queda un mes antes de que venga lo más difícil para ellas.

—¿El calor del verano no les va bien? —pregunté.

—Sí, el calor y las moscas —contestó Neumann.

—¿Las moscas?

Yo no estaba seguro si quería escuchar lo que me iba a responder.

—Sí, aparecen durante el verano. Moscas de los ciervos, moscas de los caballos, garrapatas, pulgas y mosquitos. Las peores son las moscas nasales.

—¿Moscas nasales?

—Se meten en las fosas nasales de las ovejas y depositan sus huevos en las membranas nasales —me explicó Neumann—. Desde allí, las moscas se trasladan a los seños y de ahí a la cabeza de las ovejas, donde se instalan. La irritación que producen enloquece a las ovejas. Cuando llega el verano, hay que fumigar bien cada ovejas para protegerlas.

—Me alegro de haber preguntado —dije, pues estoy a punto de perder mi almuerzo aun antes de haber tomado el desayuno—. ¿Hemos terminando ya, doctor Neumann?

—Casi. Necesito echarle un vistazo a la cerca y al estanque. Eso no me ocupará mucho.

Me pasé los siguientes quince minutos observando al doctor Neumann cómo examinaba el estanque para asegurarse de que el agua estaba en buenas condiciones e inspeccionaba la mayor parte del perímetro de la cerca. A lo largo del recorrido, paró para rellenar con el tacón de su bota un agujero que había abierto algún animal bajo la cerca. También verificó el estado de la hierba para asegurarse de que no habían crecido plantas venenosas. Por fin, se acercó y me dijo:

—Vayamos ahora a la casa de la hacienda. Voy a preparar un desayuno un poco demorado.

Cincuenta y cinco minutos más tarde, después de un sabroso desayuno y dos tazas de café bien cargado, recogimos la mesa. Luego de limpiar la negra sartén, Neumann me miró y me preguntó:

—¿Estás listo?

—Por supuesto —contesté—. Vamos a trabajar.

—¡Estupendo! Vamos y te llevaré de regreso a la escuela.

Me quedé asombrado.

—¡Qué! —protesté—. ¿Qué quiere usted decir con eso de volver a la escuela? Yo pensé que le había cedido los sábados para que me enseñara cómo dirigir a las personas. ¡Todos lo que hemos hecho es entretenernos con un montón de ovejas malolientes! ¿Cuándo vamos a meternos con la primera lección?

Neumann examinó con calma su sartén sin mirarme para nada.

—Ya lo hemos hecho, y ellas *no* son un montón de ovejas malolientes.

—¿Qué quiere decir con eso de que «ya lo hemos hecho»? —insistí—. ¿Es que me he perdido algo sin darme cuenta?

Neumann dejó la sartén, se acercó al otro lado de la mesa y se sentó.

—Tú ya has tenido tu primera lección sobre cómo manejar a las personas —dijo de una forma muy calmada—, y sí es cierto, no te diste cuenta. Pero eso no me sorprende, pues a muchos gerentes les pasa también.

El nudo de frustración se hizo aun más grande en la garganta mientras yo oscilaba entre el sentimiento de que había perdido mi tiempo y el sentimiento de que me había perdido aquello que había venido a aprender.

—¿Cuándo recibí esta lección? —pregunté suave y amablemente— ¿Allá fuera en el prado?

—Exactamente.

Me quedé mirando al doctor Neumann boquiabierto y sin saber qué decir.

—Escucha —me dijo—. Cuando empieces a trabajar en la General Technologies, vas a comenzar con un pequeño rebaño de nueve personas. Para ser un buen líder, tienes que interrelacionarte con ellos en la misma forma que un pastor lo hace con sus ovejas. Ted, tus habilidades financieras son excelentes, y vas a necesitarlas para ponerte en marcha, pero tu verdadero triunfo va a requerir algo más que eso, mucho más. GT no te va a promover a un departamento donde vas a supervisar más personas hasta que demuestres que sabes hacerlo con las nueve que vas a tener ahora. De manera que si quieres aprender cómo ser un gran líder, vas a tener que aprender la manera de un pastor.

—¿La manera de un pastor? —pregunté tímidamente.

—Sí —contestó Neumann—. Ya te dije antes que crecí ayudando a mi padre cuidando rebaños de ovejas. También te dije que aprendí mucho en las tierras de pastoreo de Wyoming.

—Sí, recuerdo eso. Siga.

—Lo que no sabes es que yo tenía muchas ganas de salir de allí y marchar a donde estaba la acción. Quería vivir en la gran ciudad y hacer carrera en el mundo del comercio. ¿Recuerdas que en el primer día de clase os hablé de mis experiencias en el mundo empresarial?

—Sí.

—Bien, tuve una carrera exitosa allí. Como tú, empecé en una posición de liderazgo de medio nivel. Pero cuando dejé la empresa, era el vicepresidente ejecutivo de la compañía.

—¡Qué bien!

—Cuando comencé, pronto me di cuenta que durante todos esos años cuando pensaba que estaba perdiendo mi tiempo cuidando ovejas en un rincón desconocido del país, estaba en realidad aprendiendo a dirigir personas. Más importante, estaba aprendiendo a dirigirlas en una manera que hacía que ellas quisieran seguirme.

—Vamos, doctor Neumann —objeté—. ¿Habla usted *en serio*? Neumann me miró directamente a los ojos y respondió.

—Te hablo muy en serio, Ted. Aprendí a cómo pastorear a las *personas*. Si quieres tener éxito, vas a tener que aprender también a pastorear personas.

—¿La manera de un pastor? —repetí.

—Sí, una vez que has aprendido los siete principios de la manera de un pastor, serás un líder bien capacitado.

—Entonces, ¿cuál es el primer principio? —pregunté.

—¿Te refieres al que acabas de dejar pasar?

—Muy chistoso. ¿Qué es lo que debo hacer, ver si mi gente tiene garrapatas? Por favor, doctor Neumann, usted va a tener que ayudarme un poco en esto. Usted sabe que no estoy en mi mejor momento los sábados por la mañana.

Una leve sonrisa apareció en el rostro de Neumann. Se levantó de la mesa y se fue a la cocina. Antes de que yo tuviera tiempo de protestar, regresó con otra jarra llena de café, llenó nuestras tazas hasta el borde, y me dijo que abriera el cuaderno de notas. Se sentó, tomó un buen trago de café, y me miró intensamente desde el otro lado de la mesa. Luego de dejar la taza sobre la mesa, me dijo con un tono de voz suave:

—Ted, el primer principio de la manera de un pastor es *¡conocer siempre la condición de tu rebaño!*

Empecé a tomar notas.

—Un gerente no puede dirigir lo que no conoce —continuó diciendo—. Tienes, pues, que estar determinado a conocer no solo la situación del trabajo, sino también la condición de los que trabajan contigo y para ti. Muchos gerentes se enfocan demasiado en sus proyectos, pero no lo suficiente en las personas. Hacen lo que tú hiciste cuando entramos al redil esta mañana. Están allí con su rebaño, pero no están allí en realidad. Están preocupados por el trabajo, pero no por los trabajadores.

—Bueno, el trabajo hay que hacerlo —observé.

—Es cierto. Pero recuerda, son *tus obreros* los que hacen el trabajo. Tus empleados son tu más importante ventaja frente a la competencia. Los gerentes dirán que están de acuerdo con eso, pero con frecuencia solo lo dicen de labios para afuera.

—Sé lo que quiere decir —interrumpí—. Tuve un jefe que hablaba muy bien, pero no practicaba lo que decía. Cada vez que algo salía mal, nos lo echaba en cara sin ninguna consideración, y luego se daba media vuelta y esperaba que nosotros le trabajáramos bien. Entonces cuando las cosas salían bien, nunca nos prestaba atención. Fue una experiencia terrible.

—Ted —continuó Neumann—, exactamente por eso es que el primer principio de la manera de un pastor es conocer la condición de su rebaño.

—¿Cómo hace usted eso? —pregunté.

—Primero, recuerda que cuando fuimos a ver mi rebaño esta mañana, le prestamos atención a cada una de las ovejas. Las nueve personas que van a estar bajo tu dirección en General Technologies pueden ser parte del mismo rebaño, pero son individuos, y así es exactamente como ellos quieren que los traten. Créeme, las personas están cansadas de que las traten como números. Cada persona que dependa de ti va a querer que la trates no solo como un empleado, sino como un individuo.

—Eso suena muy bonito —dije—, pero específicamente, ¿cómo hace usted eso?

—Tienes que interesarte de manera personal en cada una de las personas que estará bajo tus órdenes —respondió Neumann—. Tienes que descubrir sus habilidades e intereses. Necesitas conocer sus metas y sueños, lo que les motiva cuando entran por la puerta en la mañana, cuáles son sus ambiciones profesionales y sus frustraciones. En otras palabras, Ted, tienes que esforzarte por conocer lo que los impacta en ese momento.

—¿Y cómo puedo aprender todo *eso*? —pregunté.

—Relacionándote con ellos de una manera regular —contestó Neumann—. Ya te dije esta mañana que ya sea yo o el trabajador de la hacienda vamos a ver a las ovejas al menos dos veces cada día. Cuando estés en General Technologies, tendrás que hacer lo mismo y dedicar tiempo a estar con tu gente. Cuando lo hagas, procura tener los ojos y los oídos bien abiertos y haz muchas preguntas. Lo que es más importante, ocúpate de eso. Si un empleado te pide permiso para salir y llevar a su hijo al médico, por ejemplo, la siguiente vez que lo veas, pregúntale cómo le va al hijo. En todo lo que puedas, procura estar al tanto con lo que pasa en la vida de esos que están a tus órdenes. Eso parece fácil de hacer, pero resulta casi imposible si no haces la última cosa.

—¿Y que es esa última cosa? —pregunté.

—Tienes que interesarte de verdad en esas personas. Tú puedes dar todos los pasos correctos, pero si no te preocupas genuinamente por las personas que dependen de ti, nunca serás esa clase de líder que los demás lo dejan todo por seguirte. Si ellos solo son ovejas malolientes para ti, no harán su mejor trabajo para ti y no van a quedarse en tu redil por mucho tiempo. Es un viejo adagio, pero es muy cierto: Las personas no se interesan en cuánto sabes mientras no sepan cuánto te interesas en ellas.

»Bueno —concluyó Neumann—, ya te he dado lo suficiente en qué pensar en este día. Tienes que volver a la universidad para seguir con el resto de tus deberes. Volvamos a la escuela.

Fue un viaje de regreso tranquilo. El doctor Neumann me *había dado* bastante para pensar. Abrí mi cuaderno de notas y revisé los apuntes que había tomado:

A LA MANERA DE UN PASTOR

1. Conozca la condición de su rebaño
   - Esté al tanto de la situación de las personas que están bajo usted tanto como de la situación del trabajo.
   - Conozca a sus ovejas, una a una, individualmente.
   - Relaciónese con las personas de una manera regular.
   - Mantenga sus ojos y oídos abiertos, pregunte y resuelva.

Antes de que me diera cuenta, el doctor Neumann había parado frente a la escuela. Al verle marchar, no pude dejar de pensar en que estaba empezando a recibir mucho más de lo que pensaba.

CAPÍTULO 2

DESCUBRA EL ESTADO

DE SUS OVEJAS

Al sábado siguiente por la mañana me dirigí al Mercado de Ganado del Hill Country, donde se subastan y se intercambian cabezas de ganado. Ya casi me había olvidado de los sucesos del sábado anterior a causa de la multitud de preparativos para los exámenes finales que demandaban atención. En el camino de ida traté de reconectarme con las lecciones que el doctor Neumann me había enseñado la semana anterior.

Conozca siempre la condición de su rebaño, pensé mientras me esforzaba por despejar mi somnolienta cabeza. Conozca a sus ovejas, una a una individualmente. Ocúpese de las personas de una manera regular y atienda lo que le dicen.

El doctor Neumann me estaba esperando cuando llegué al lugar. Estacioné el auto al lado de su camioneta y salté del mismo al tiempo que se acercaba.

—¿No tienes unas botas? —dijo mirando a mis zapatos nuevos.

—¿Qué pasa con mis mocasines? —pregunté indignado.

—No, nada —me dijo—. Pero esto no es para ir a bailar con las chicas.

Para entonces ya había tenido tiempo de respirar profundo y percibir uno de los peores olores que jamás había inhalado. Una amalgama penetrante de paja podrida, estiércol y hedor de animales rivalizaban con los vapores apestantes que emanaban de un urinario portátil instalado en la plataforma de un tractor. *Y ni mencionar el olor de las ovejas*, pensé yo, recordando que él parecía un poco sensible al asunto. Me imagino que las ventanas de mi nariz hubieran deseado cerrarse.

—Bueno —dijo Neumann guiñando un ojo—, ¡ya veo que estás disfrutando del aire sano del campo!

—¡Puf! —dije—. Prefiero la contaminación de la ciudad.

Neumann se rió a carcajadas.

—No te preocupes, vas a sobrevivir. Vamos. Hay algo que quiero que veas.

Traté de mantener su paso al encaminarse ágilmente hacia el centro de subasta, pero no tardé en quedar retrasado. El lugar donde se juntaba el ganado era un auténtico campo de minas formado de excrementos de todos los tamaños, formas y colores. Brincando entre los montones y tratando en vano de mantener el paso, no pude hacer otra cosa que pensar en mi tonta pregunta: «¿Qué pasa con mis mocasines?»

Entramos en el centro de subastas y allí me encontré con varias filas de asientos de aluminio en forma de gradas alrededor de un corral. Al otro lado de los asientos estaba el lugar que correspondía a los subastadores y sus ayudantes. El lugar se encontraba lleno de rancheros de Stetson interesados en la subasta de una oveja que se hallaba en el centro del corral. Tres ayudantes de los subastadores se encontraban abajo, directamente enfrente de los licitadores, atentos a las indicaciones de licitación de parte de los presentes. El murmullo constante de las voces cesaba en cuanto que uno de los rancheros levantaba su mano para ofertar. Uno de los ayudantes levantaba una mano directamente al aire y la otra al licitador y gritaba: «¡Ayuda!»

Nosotros nos quedamos en la parte de atrás para observar el espectáculo de ofertas cuando otro animal entraba en el corral para ser subastado. Neumann se inclinó hacia mí y me dijo en voz baja.

—Aquí es donde comienza todo. Aquí es donde se empieza a formar y a dirigir un gran equipo. Estos rancheros de ovejas empiezan aquí a formar su rebaño.

Por un momento nuestra atención volvió al cuarto al escuchar a los ayudantes gritar una rancha de «¿Quién da más?», «¿Quién da más?», «¿Quién da más?»

—Entiendo lo que dice —afirmé—, pero esto no me parece tan difícil. Ellos ven una oveja que les gusta, levantan la mano y hacen una oferta. ¿Qué es lo difícil en cuanto a esto?

En ese momento uno de los subastadores dio un golpe sobre su pupitre con un mazo de madera y anunció: «¡Vendida!»

Neumann se acercó aun más y dijo:

—Fíjate *ahora*.

Después que el subastador hubo dejado constancia de la venta del animal, casi todos los rancheros presentes sacaron un papel de su bolsillo, escribieron unas pocas líneas en él, y se lo volvieron a meter en el bolsillo. Neumann continuó:

—Hacer una oferta es la parte fácil. Cada pastor ha hecho su tarea antes de venir aquí al centro de subastas. Verifican los precios de cada animal y esperan hasta que aparezca el lote de animales para ser subastado que a ellos les interesa. La cuestión es que ellos saben a qué vienen aquí.

—¿Y qué es eso? —pregunté.

—Vamos y te lo enseñaré. Veamos los corrales donde guardan las ovejas.

Una vez más Neumann echó a andar con presteza y yo le seguía tan de cerca como podía, tratando de conservar mis mocasines tan limpios como fuera posible.

Parados cerca de uno de los corrales de ovejas, Neumann me miró y dijo:

—Supongamos que tú eres uno de los rancheros en la subasta. ¿Por cuál de estos animales harías tú una oferta?

—Bueno, aquella parece bastante buena, supongo yo.

En realidad yo no podía explicar las diferencias entre una oveja y otra.

—Esa sería una mala elección —me contestó él.

—¿Por qué? —pregunté—. A mí todas me parecen iguales. ¿Qué es lo que hace que una sea mejor que la otra?

—Mírala mejor —dijo Neumann—. Examínala con más detenimiento.

Él se inclinó y señaló algunos problemas en la oveja que yo había escogido.

—Tú quieres que tenga un lomo derecho, no como el que tiene esa oveja. También quieres que tenga patas firmes y derechas, con hombros bien formados y con una buena cavidad torácica.

—¿Por qué es eso importante? —pregunté evidenciando mi ignorancia del asunto.

—Porque tú estás buscado ovejas sanas que sean productivas. Eso es así, Ted. Como pastor, tú elección de ovejas puede hacer que el manejo del rebaño resulte más fácil o más difícil.[1] Si no eres cuidadoso con lo que compras, puedes estar heredando los problemas de otros.

Pensé por un momento y dije:

—Supongo que eso es igual que la selección de un equipo de fútbol. Cada equipo es muy cuidadoso en cuanto a los jugadores que elige, porque el que acierte a tener el mejor equipo ese es que por general gana.

—Esa es una buena analogía —respondió Neumann.

—Gracias —repliqué—. Entonces, ¿que es lo que debo buscar en General Technologies para asegurarme de que tengo un equipo saludable y productivo?

—Muy buena pregunta. Eso demuestra que estás pensando —dijo Neumann—. Volviendo a cuando yo era un gerente, siempre procuré que todo aquel que entrevistaba era idóneo para la compañía y también para el puesto vacante. También quería estar seguro de que los empleados existentes eran los apropiados para las posiciones que ocupaban.

—¿Cómo hacía usted eso? —pregunté.

Neumann sonrió.

—Del mismo modo que cada oveja tiene su propia forma o contextura, así sucede con cada persona en la compañía. Por eso me dedicaba a examinar su forma para asegurarme de que era la adecuada.

Pensé por un momento para ver si podía entenderlo correctamente.

—Está bien —dije al fin—. Acepto. ¿Qué quiere usted decir con eso de «examinar su forma para asegurarme de que es el adecuado»? ¿No se puede meter en problemas haciendo eso?

Neumann se subió a lo alto de la cerca y sacó una hoja de papel de uno de sus bolsillos, luego me hizo señas para que me uniera a él. Entonces escribió las letras SHAPE* de forma vertical a lo largo del lado izquierdo de la hoja de papel.[2]

—Estas son las cosas que yo busco para asegurarme de que no estoy intentando meter una estaca cuadrada por un agujero redondo —dijo.

H = Habilidades

—Primero, quiero estar seguro de que cada persona cuenta con el conjunto de habilidades necesarias para cumplir con la tarea. A veces ellos las pueden aprender en la tarea. Otras veces tienen que tenerlas desde el momento que llegan al puesto de trabajo. Eso depende de la posición. Lo que quiero decir es que siempre procuré poner a las personas en el lugar donde pudieran usar sus fuerzas y no sus debilidades. De modo que el primer paso es conocer y entender las habilidades de los individuos en tu equipo, o de las personas que están a punto de incorporarse al mismo.

---

*Nota del traductor: Es un acróstico. La palabra SHAPE en inglés quiere decir «forma o condición física». Al traducir los conceptos, se pierde este detalle curioso. Las nuevas siglas son HCAPE.

C = Corazón

—Tus habilidades reflejan tus capacidades, pero tu corazón refleja tu pasión —me explicó Neumann—. No hay nada más conocido y común que una compañía llena de empleados brillantes y talentosos pero completamente desmotivados para hacer su trabajo. No importa cuán fuerte seas en un área determinada, si no estás motivado para usar esa fortaleza, de manera que estoy muy interesado en saber por qué se apasionan los que forman mi equipo de trabajo. Si puedo ponerlos en áreas que reflejan sus pasiones, llegarán a trabajar con prontitud y con ganas. Empezarán a pensar en su trabajo más como una causa que como un lugar donde obtener un salario. ¡Eso hace que todo sea diferente!

A = Actitud

—Nunca se puede recalcar esto demasiado —dijo Neumann—. Tú quieres contar con personas positivas, que dicen «lo podemos hacer». Si me dan a elegir entre el talento y la actitud, prefiero la actitud en todo momento.

—¿Por qué? —pregunté.

—Primero, porque las personas con una buena actitud son por lo general jugadores de equipo. Segundo, tienen generalmente un espíritu dispuesto a que los enseñen. Las personas con actitudes negativas tienden a ser llaneros solitarios. No puedes enseñarles nada.

—Puedo entender eso de preferir la actitud por encima del talento en un mundo ideal —contesté—, ¿pero qué si la persona con actitud negativa es la de mejor rendimiento en el trabajo? ¿Qué hace usted entonces?

Neumann hizo una pausa y luego respondió.

—Ted, te deshaces de él.

—Pero si usted se desprende del que aporta el mejor rendimiento —dije—, el nivel de resultados del equipo baja. ¿No sería mejor ayudar a esa persona a desarrollar una actitud más positiva?

—No, porque las personas con actitud negativa no tienen un corazón dispuesto a aprender. El desprenderse de esos individuos puede perjudicar al equipo a corto plazo, pero no a largo plazo. Tienes que recordar que los jugadores estrellas con una mala actitud son una carga constante para todos los demás. El precio que pagas por su rendimiento es una constante agitación. Los individuos con actitudes negativas no saben hacer otra cosa que crear tensión a su alrededor.

Neumann hizo una pausa, respiró profundamente y luego prosiguió.

—Hay otra gran razón para mostrarles la puerta. Son un mal ejemplo para todos los demás en el equipo. Si toleras a la persona negativa por causa de sus habilidades, los otros se van a contagiar de sus malos hábitos. He visto cómo la mala actitud de una persona se extiende como un cáncer por toda una oficina.

—Eso es verdad —reconocí—. Cuando estaba en los estudios de licenciatura, hice prácticas en un banco durante un verano. Estaba entusiasmado de estar allí. Pero había allí un hombre que lo criticaba todo. No paraba de hablar sobre los errores que la dirección del banco estaba cometiendo. No pasó mucho tiempo sin que terminara faltando al trabajo. Pensaba que quizá después de todo no le convenía estar trabajando allí.

—Eso es exactamente lo que sucede —dijo Neumann—. Esas personas propagan el síndrome de que las cosas son mejores en otras partes. ¿Te acuerdas del agujero debajo de la cerca que tuve que rellenar cuando pasamos por el prado allá en mi hacienda?

—Sí, claro que lo recuerdo —dije.

—Pues bien, la oveja que abrió el agujero es la mejor que tengo.[3] Ella tenía la lana más bonita de todas las ovejas y era la más fuerte de todas. Su único problema era la mala actitud.

—Yo no sabía que una oveja podía tener una mala actitud —dije riendo.

—Pues te lo puedes creer. Siempre andaba golpeando con la cabeza a las más jóvenes para que supieran quién era el jefe. Lo que era peor, buscaba la manera de salirse del redil. Siempre andaba buscando cómo pasarse al prado del vecino. Tengo algunos de los mejores prados de la zona montañosa de Texas, pero ella siempre pensaba que el pasto era más verde en el otro lado de la cerca. Yo sabía que tendría que hacer algo con ella cuando las más jóvenes empezaran a imitarla abriendo agujeros por debajo de la cerca. Me habría gustado que hubiera disfrutado de todo lo que yo tenía preparado para ella, pero nunca estaba contenta con lo que tenía.

Neumann hizo una pausa y luego continuó:

—Ahora que pienso acerca de ello, esto me recuerda a un joven colega de hace unos años en la universidad. Era un profesor joven y ambicioso que quería lucirse diciéndole al decano que tenía una gran oportunidad en otra universidad. Aquel tonto no quería en realidad marcharse, pero pensó que podía usar la situación para conseguir mejores beneficios del anciano decano.

—¿Y qué hizo el decano? —pregunté.

—Se ajustó los lentes, aumentó el volumen de su audífono, se levantó de su asiento, dio la vuelta a su escritorio, le tendió la mano al joven profesor, y le dijo: «Quiero ser el primero en desearle mucho éxito en su nueva posición. Lo menos que quiero hacer es frenar el progreso de alguien tan brillante como usted». Después el decano dijo que como ya habían acabado los exámenes finales, estaba seguro que al profesor no le importaría vaciar cuanto antes su oficina, porque la facultad tenía que trabajar con diligencia para encontrar alguien que le sustituyera.

Neumann se rió.

—No había pensado por años en esa experiencia —agregó—. Aquel joven entró en la oficina del decano como alguien que iba a apabullar al anciano, pero salió de allí como un perrito con el rabo entre las patas.

—Eso sin duda le enseñó una buena lección —comenté.

—Y al resto de la facultad también —replicó Neumann—. El decano no estaba dispuesto a permitir que el síndrome de que la hierba es más verde en el otro lado de la cerca nos dominara a todos por causa de una persona ambiciosa y descontenta.

—Volviendo a las ovejas —dije—, ¿qué hizo con la oveja que le causó tantos problemas?

—Te lo puedo decir con una sola palabra: «¡Chuletas!» Bueno, sigamos con lo que nos falta y regresemos a la hacienda. A los dos nos espera mucho trabajo, y no quiero que perdamos ni un minuto.

P = Personalidad

—Cada uno de nosotros estamos constituidos con una personalidad distintiva —continuó diciendo Neumann—. Algunos somos introvertidos; otros son extrovertidos. A algunos les gusta la repetición, les agrada saber que mañana van a hacer lo mismo en su trabajo. Otros, por el contrario, pronto se deprimen si no pueden tener variedad. Algunos prosperan con la estructura; otros lo hacen mediante el cambio. Lo que quiero decir es que hay que poner a las personas en los lugares que reflejan sus personalidades. Te daré un ejemplo: General Technologies lo cambia *todo* cada seis meses. Yo sería muy cuidadoso en cuanto a contratar empleados con una baja tolerancia para el cambio.

E = Experiencias

—Ted, date cuenta que no dije *experiencia*, sino *experiencias*. Este último punto es el más vago, pero es importante mencionarlo. Cada persona con la que te encuentras es el producto de las experiencias de su vida. Con frecuencia la clave para entender a un individuo y la clave para saber dónde ponerlo en tu equipo es saber algo acerca de las varias experiencias de esa persona. No puedo darte una regla clara en cuanto a esto, pero sí puedo darte un ejemplo.

—Eso sería estupendo —dije.

—No llevaba mucho tiempo en mi compañía —continuó—, cuando tuve que contratar a un director de proyecto para trabajar con un grupo de nuestros clientes. Ya había tenido suficiente experiencias con estos clientes como para saber que eran exigentes y muy particulares. Cada uno de ellos pensaba que su proyecto era el único que nosotros teníamos entre manos. Y todos querían tener sus proyectos terminados para ayer. Eso hacía que la situación fuera precaria, y yo sabía que tenía que ser muy cuidadoso para elegir a la persona apropiada para la tarea.

—Y entonces, ¿qué hizo? —pregunté.

—Contraté a un ministro jubilado —contestó Neumann.

—¿Contrató a un *ministro* religioso?

—Claro que sí. Y la mayoría de mis colegas reaccionaron de la misma manera que tú lo has hecho. Todos dijeron: «Ese hombre no tiene *experiencia*». No entiende el mundo empresarial. Todo lo que sabe es predicar el domingo. Se armó un gran jaleo —siguió diciendo Neumann—. Pero yo estaba en lo correcto. Yo sabía que él tenía las habilidades necesarias para la tarea, la pasión y la actitud correcta. Pero también sabía algo más importante.

—¿Qué sabía? —pregunté.

—Yo sabía que él tenía experiencia en trabajar con las personas. Sabía que si alguien podía lidiar con los grandes egos que iba a tener a su alrededor, él era la persona.

—¿Y lo hizo?

—¡Digamos que él fue como una estaca cuadrada en un agujero cuadrado!

Cuando íbamos camino del auto, Neumann me puso el brazo sobre los hombros y me dio un consejo paternal. En ese momento me di cuenta de que estábamos pasando de una relación de profesor-alumno a otra de mentor y protegido. Me percaté, por supuesto, de que estaba empezando a *pastorearme*.

—Ted, hay un par de cosas más —me dijo.

—Está bien, ¿cuáles son? —pregunté.

—No cometas el error de pensar que lo que te estoy enseñando es solo para que lo uses con otras personas. Es también para ti.

—¿Qué quiere usted decir?

Neumann miró al suelo pensativamente y luego me miró a mí. Sin disminuir el paso, me contestó.

—Ted, la mayoría de las personas pasan años luchando para encontrar su vocación o llamamiento en la vida. Yo fui uno de ellos. Dediqué años a hacer otras cosas en las que era bastante bueno, pero siempre sentía que me faltaba algo. Hasta que descubrí la enseñanza, me sentí como una estaca cuadrada en un agujero redondo. Una vez que descubrí el aula, me di cuenta de que había encontrado el propósito de mi vida. La enseñanza refleja lo que yo soy. Más que ninguna otra cosa refleja mis habilidades, pasiones, actitudes y características personales. Además, al enseñar acerca de empresas y negocios aprovecho mis experiencias en el mundo empresarial. Ted, si quieres encontrar tu llamamiento en la vida, si al menos quieres estar seguro de que trabajas en el campo en que tienes las mayores posibilidades de éxito, examina con cuidado tu HCAPE y asegúrate de encajas bien en tu trabajo.

Nos detuvimos junto a la puerta de mi auto. Y Neumann me dijo:

—Ahí tienes tu tarea para esta noche. Quiero que escribas un perfil de HCAPE. Luego me dio una palmada en el hombro y me sonrió.

—Doctor Neumann, usted habló de una par de cosas —le recordé—. ¿Cuál es la otra?

—Bueno, si yo fuera tú, me limpiaría los zapatos antes de entrar en el auto.

Me miré los zapatos y casi me puse a gritar.

—¡Mis zapatos! ¡Mi par de mocasines nuevos! ¡Nunca podré limpiarlos! Están cubiertos de estiércol de vaca y de suciedad. (Me volví en mi desesperación a Neumann.) No tengo nada en mi auto para limpiarlos ¿Qué puedo hacer?

—No tengo ni la más *remota* idea —me respondió—. Quizá te convenga tomar un curso en manejo de crisis. En cualquier caso, tú eres un buen estudiante, Ted. Estoy seguro de que encontrarás la manera de manejar la situación.

Después de profanar el periódico de la escuela con mis zapatos, me senté en mi auto pensando mientras Neumann se metía otra vez en la subasta para finalizar su compra. En ese momento yo no estaba seguro de que pudiera con más cosas. Sin embargo, noté que me estaba gustando la idea de *manejar* personas, sobre todo después de escribir algunos apuntes sobre mi segunda sesión con el doctor Neumann:

A LA MANERA DE UN PASTOR

2. Descubra el estado de sus ovejas
  • Su elección de ovejas puede hacer que el manejo del trabajo sea más fácil o resulte más difícil.
  • Empiece con ovejas sanas, o va a heredar los problemas de otros.
  • Conozca la HCAPE de sus ovejas para asegurarse de que están en el redil correcto.

Ayude a sus ovejas

A IDENTIFICARSE CON USTED

El trayecto desde el Mercado de Ganado hasta la hacienda me proporcionó unos pocos minutos para reflexionar a solas sobre lo que el doctor Neumann me había dicho. Había estado tan ocupado tratando de cumplir con todas las clases y exámenes que no le había prestado mucha atención a saber qué carrera era la más apropiada para mí. Todo lo que sabía era que quería trabajar para una gran empresa como la General Technologies.

Luego pensé acerca de las nueve personas que trabajarían bajo mi dirección. Empecé a ver cómo el éxito de nuestro pequeño departamento dependería de asegurarme que esas personas estaban en el lugar que correspondía. Me preguntaba si sus habilidades y pasiones reflejarían sus responsabilidades. «Quiero que mis compañeros de trabajo le pongan corazón a lo que están haciendo», dije en voz alta, lanzando mis pensamientos al aire. «Quiero que se sientan entusiasmados por venir a trabajar en la mañana». Empezó a filtrarse en mí que la eficacia de mi pequeño rebaño, así como la realización de cada persona en él, dependería de la clase de pastor-líder que yo fuera.

Tan pronto como estacioné mi auto junto a la puerta del granero vi a Neumann estacionando también su vieja camioneta

Ford. Me fijé y pude ver en su camioneta la oveja más grande que jamás había visto. (No es que yo hubiera visto muchas.)

—Acércate y échame una mano —me dijo a través de la ventana de su camioneta—. Bájala y llévala al corral mientras yo saco algunas herramientas del granero. Te veré allí en unos minutos. Ya es casi la hora para tu siguiente lección.

Varios minutos después, la nueva oveja y yo nos estábamos mirando el uno al otro dentro de los confines del corral. Ella parecía estar más tranquila que yo. No estoy seguro, pero pienso que ella terminó llevándome a *mí* al corral. Cuando levanté la mirada, vi a Neumann con la sonrisa a la que ya me había acostumbrado.

—Ya es la hora para tu siguiente lección —anunció.

—Gracias por avisarme —respondí sacudiéndome la lana y el polvo que se habían pegado a mis pantalones—. Estoy impaciente por empezar.

Neumann se acercó, puso su mano sobre mi hombro y me dijo.

—Ha llegado el momento de que pongas tu etiqueta en ella.

—¡Eh! ¿Qué quiere usted decir? —pregunté.

—Quiero decir que ha llegado el momento para que la etiquetes —contestó Neumann, mirándome directamente a los ojos.[1]

—¿Y cómo se hace eso? —indagué.

—Con esto —dijo él abriendo su mano.

Allí sobre su palma vi unos alicates de acero inoxidable con una boca grande y en ella lo que me parecía un afilado diente para perforar. Al lado de los alicates había una etiqueta amarilla brillante y sobre ella un número y el símbolo de la hacienda de Neumann. Ahora recordaba que había visto etiquetas similares en las orejas de las ovejas cuando estuve en el prado de Neumann la semana anterior.

—¿Esto va en su oreja? —dije esperando oír otra cosa diferente.

—Sí, señor —dijo Neumann—, poniendo la etiqueta y los alicates en mi mano.

—¿Pero eso no duele? Quiero decir que tiene que ser doloroso, ¿no es cierto?

—Es cierto —contestó Neumann— Es muy doloroso. El tejido de las orejas es muy sensible.

—¿Por qué lo hace entonces? —dije devolviéndole los alicates—. ¿Cuál es el propósito?

—La intención —dijo Neumann cuidadosamente—, es que la etiqueta identifique a esta oveja como perteneciente a este rebaño. Y si tú eres un buen pastor y cuidas de tu oveja, vas a poner una etiqueta en ella.

Abrió la mano, invitándome a agarrar los alicates. Nos miramos el uno al otro, y después de unos segundos, cedí. Agarré los alicates, y después de que Neumann me mostrara lo que tenía que hacer, me dirigí al corral, donde poco antes lo único que había sentido era enojo por causa de aquella tonta oveja. Ahora solo sentía lástima y culpa. (Entonces recordé mi primer encuentro con aquella robusta oveja y me preguntaba en secreto si no terminaría yo saliendo del redil con la etiqueta en *mi* oreja.)

El frío peso de los alicates de acero en mi mano me recordó el dolor que yo le iba a ocasionar a aquel animal indefenso. Tenía que sujetarla firmemente y de cerca para acercar los alicates a su oreja. Con un fuerte apretón de las asas de los alicates logré que penetrara el diente y la etiqueta en la oreja y que quedara allí sujeta.

La sorprendida oveja dio una sacudida a causa del dolor para librarse de mi sujeción. Afloje los alicates con toda la rapidez que pude para no dañar los tejidos sensibles de su oreja. Me sentí muy mal.

—Ya está —dijo Neumann—, vayamos ahora a la casa y seguimos hablando mientras nos tomamos una Coca-Cola.

A los pocos minutos nos encontrábamos en su sala de estar disfrutando de la bebida.

—Me sentí muy mal —dije, rompiendo el silencio.

—A ti también te duele, ¿no es cierto?

—Sí —contesté—. Yo no quería hacerlo.

—Pues es bueno que te acostumbres a ello. Eso viene con la tarea —afirmó Neumann—. Cuando estás es una posición de liderazgo se van a presentar ocasiones cuando tienes que causar dolor a las personas que supervisas. Habrá reprimendas, revisión de tareas mal realizadas y momentos cuando tendrás que despedir a alguien. Tú tampoco vas a querer hacer esas cosas, pero las harás si eres un buen pastor.

Moví la cabeza en sentido afirmativo indicando que comprendía, y dije:

—Una pregunta. Me di cuenta que cuando le hice el agujero en la oreja con los alicates, la oveja dio una sacudida para huir, pero no se puso a balar. ¿Por qué?

—Pues porque a veces las ovejas son las criaturas más tontas de la tierra. He visto a una oveja de veinte kilos de peso tratar de brincar una y otra vez a través de un agujero de quince centímetros de lado en la cerca. Así que ya sabes que no son muy inteligentes. En otras ocasiones, sin embargo, son bien listas. Saben que su única defensa contra los coyotes es permanecer junto al rebaño. Por eso tienen ese instinto gregario tan fuerte. Saben que los coyotes van a atacar a las ovejas más débiles que pueden separar del rebaño. Esa es la razón por la que no balan cuando tienen dolor porque saben que eso llamará la atención de los depredadores.

Neumann dijo entonces mirándome:

—Hablemos ahora del rebaño que tú va a pastorear en General Technologies —dijo—. ¿Cómo transformas tú una colección de ovejas individuales, encerradas dentro de la misma cerca, en un rebaño?

—Bien —contesté—, recuerdo por lo que hablamos en el recinto de subastas que todo comienza tomando buenas decisiones acerca de quién va a ser parte de tu equipo y asegurándote de que están en el lugar que refleja mejor su HCAPE.

—Bien dicho. Se nota que escuchas —dijo Neumann—. Eso permite a cada miembro de tu equipo trabajar en un área en la que saben que pueden hacer una buena aportación. En pocas palabras, no solo van a ser eficaces en su trabajo, sino que también se van a sentir realizados en él. Sin embargo, esa no es toda la historia. Tú no solo quieres influir en la actuación de cada miembro del equipo, sino que también quieres influir en la actuación del grupo como un todo.

—Y eso se logra…

—Haciendo lo que tú hiciste hace unos minutos.

—¿Poniendo etiquetas en su orejas? —dije sonriendo.

—Poniendo tu señal en tu oveja —respondió Neumann. Te dije antes que la etiqueta identifica a la oveja como parte del rebaño. En muchos sentidos, Ted, las personas son como las ovejas.

Como ellas, las personas tienen un fuerte sentido gregario. Tienen una necesidad tremenda de pertenecer al grupo. Los grandes líderes entienden bien ese instinto y sacan beneficio de él.

—¿Cómo hace usted eso? —pregunté.

—Los grandes líderes inculcan un fuerte sentido de ser y pertenecer en sus seguidores al poner su impresión personal en ellos en cuanto a quiénes son y por lo que viven. Esa impresión se convierte en el terreno común en el que las personas se encuentran colectivamente y se identifican con sus líderes. En otras palabras, la marca personal del líder se convierte en el común denominador de la organización.

Neumann señaló hacia el redil y dijo.

—La etiqueta que pusiste en aquella oveja representa algo, Ted. Habla de mí como su pastor. Aunque nuestro rebaño es pequeño, esta finca tiene la reputación de producir buenas cabezas de ganado. Esa etiqueta que pusiste en la oveja es una señal de excelencia. Eso es como escribir mi nombre a lo largo del costado de esa oveja. Tus empleados en General Technologies van a llevar tu señal, así como esa oveja lleva la mía. Esa señal va a decir a los demás qué clase de pastor-líder eres de verdad. Procura que tu marca de liderazgo sea una indicación de algo grande, Ted, y ¡tendrás muchos seguidores! Vamos ahora y echemos un vistazo a nuestra oveja. ¿Qué te parece?

Al caminar en silencio a lo largo del camino desde la casa al prado, yo iba digiriendo lo que el doctor Neumann me terminaba de decir. Yo sabía que me acababa de transmitir una profunda verdad acerca de la tremenda necesidad que las personas tienen de pertenecer a algo y sobre la marca que los líderes imprimen sobre los que le siguen. Yo quería saber más. Poco después le pregunté.

—Doctor Neumann, ¿cuál es la marca de un gran líder?

Respiró profundamente y me dijo.

—Te puedo decir cuál es una de las marcas de un *buen* líder. Él no piensa por sus seguidores. Ahora dime tú cuál es la marca de un *gran* líder.

Ya en ese momento mi cerebro estaba sobrecargado. Definitivamente esa *no* era la respuesta que esperaba del doctor Neumann. Una docena de características bullían en mi cabeza. Por fin, aferrándome a una esperanza dije lo primero que me vino a la mente:

—El mejor líder que conozco es mi padre. Pero, por supuesto, él no es un ejemplo de un gran líder del mundo de los negocios. Él es un maestro de escuela —lo dije en voz baja, casi como una apología.

—Eso está bien —dijo el doctor Neumann—. El liderazgo tiene lugar en el hogar y en la escuela al igual que en las juntas directivas. ¿Qué es lo que hace que tu padre sea tan gran líder?

Eso me dio de lleno. ¿Cómo es posible que se me pasara por alto?

—Mi padre es un hombre de indiscutible integridad —contesté—. No importa de qué asunto se trate, mi padre siempre está del lado de lo que es justo, sin importar lo que le cueste.

—Sigue —dijo el doctor Neumann.

—Mi padre nos enseñó a no caer en componendas. Él siempre decía: «Un hombre puede vender su integridad por cinco centavos; pero no la va a poder recuperar con todo el dinero del mundo».

—Eso está muy bien, Ted —respondió Neumann—. ¿Qué más se destaca en tu padre?

Me tuve que poner a pensar de nuevo. Después de unos segundos, respondí.

—Probablemente dos o tres cosas más.

—Pues empieza, ¿cuál es la primera? —preguntó el doctor Neumann.

—Primera, mi padre es un hombre que es igual en privado que en público. No importa que sea en la iglesia, en la escuela o en casa. Lo que usted ve es lo que recibe.

Un antiguo recuerdo me vino a la mente y dije.

—Recuerdo un día que fuimos a pescar con mi mejor amigo y su padre. Su padre era el presidente de los diáconos en nuestra iglesia. Siempre me impresionaba cuando salía a hablar enfrente de la iglesia. Sin embargo, allí en el lago apareció una persona completamente diferente. Contó chistes e hizo comentarios que yo sabía nunca los hubiera hecho en el templo. Ese día perdí el respeto que le tenía. Yo sabía que mi padre no haría nunca eso.

—Lo que estás diciendo —comentó Neumann— es que tu padre es auténtico.

—Absolutamente —contesté—. Mi padre es siempre lo que es.

—Eso es estupendo. ¿Cuál es la segunda cosa?

—Bueno, mi padre establece niveles altos. Él espera que mi hermana y yo hagamos todo lo mejor que podamos. Mi padre dice que es bueno estirarnos de vez en cuando a fin de que continuemos creciendo. Dice que si no lo hacemos, nunca sabremos lo que somos capaces de hacer.

—Yo no hubiera sido capaz de decirlo mejor —dijo Neumann—. ¿Qué más?

—Lo que recuerdo de él es que siempre nos trata con compasión cada vez que metemos la pata. Un domingo por la tarde después de conseguir mi permiso de manejar, me llevé su auto sin su permiso y casi lo destrocé. Cuando llegué a casa, mi padre me estaba esperando. Pensaba que el techo se iba a caer encima de mí. Pero lo primero que hizo, sin embargo, fue agarrarme y darme un gran abrazo. Me quedé completamente asombrado. Él tenía lágrimas en sus ojos. Cuando iba camino de casa yo pensaba que me iba a matar. Nunca podré olvidar que lo que hizo primero fue abrazarme. Por supuesto, tuve que trabajar todo el verano para pagar los arreglos del auto, pero siempre supe que no era el auto lo que le preocupaba, sino que yo era lo más importante.

El doctor Neumann me miró a la cara por un largo momento y luego dijo.

—Ted, permíteme preguntarte. ¿*Confías* tú en tu padre?

—Por su puesto que sí, completamente —respondí con rapidez—. ¿Por qué me lo pregunta?

—Porque todo lo que me has dicho acerca de tu padre me dice que él es un hombre en el que puedes confiar.

—Sí, muchas personas, aparte de mí, confían en mi padre.

—Esa es —dijo el doctor Neumann— la característica esencial de un gran líder. Cuando tú entres en General Technologies, las nueve personas en tu departamento van a hacerse dos preguntas. Primera, ¿sabe lo que está haciendo? Y segunda, ¿podemos confiar en él? Ted, no me cabe duda de que esto es lo que a ti te preocupa: la respuesta a estas dos preguntas. Pero aun si ellos respondieran a la primera pregunta con un no, te perdonarán si pueden contestar la segunda pregunta con un sí.

Moví la cabeza asintiendo y Neumann continuó.

—Las personas anhelan seguir a un líder que es una persona de integridad, sinceridad y compasión. Esa persona va a contar con la lealtad y la confianza de su pueblo. Me alegra mucho que tengas un padre así. Yo sé que tú serás capaz de dejar una marca de excelencia en tus colegas en GT, porque has sido bien formado en tu hogar.

Ya habíamos llegado al redil. Neumann hizo un alto en la puerta y me miró y dijo.

—Ted, hay al menos una parte más de la respuesta a tu pregunta.

—¿Y cuál es? —pregunté.

—Los grandes líderes dejan su marca comunicando constantemente sus valores y sentido de misión. Invitan incansablemente a su gente a que se involucren en la causa. Saben que las personas se distraen fácilmente con las muchas cosas que reclaman su atención en la vida, pero siempre los están llamando de regreso a la misión, a su razón de ser.

»Elige cualquier líder en el que puedas pensar. El general Patton demandaba sin cesar que sus tropas estuvieran siempre en marcha. Jesús apeló con frecuencia a sus discípulos a que extendieran las buenas noticias de su reino. Abraham Lincoln declaró incesantemente que la Unión había que preservarla. ¿Ves?

»Ted, cuando te incorpores a GT, define la causa a tu equipo de nueve personas y ayúdalos a ver dónde encajan ellos en ella. Convéncelos que sin ese departamento y sin la parte especial de cada uno de ellos, General Technologies no podría proveer los bienes y servicios que han mejorado la vida de millones de personas. Y no te olvides de pedirles que se comprometan firmemente con la causa.

»Muy bien —dijo Neumann—. Con eso termino el sermón. ¡Veamos ahora cómo le va a nuestra oveja!

Mi consejero miraba desde lejos mientras yo entraba en el redil con los brazos y las manos extendidos. Yo quería que la oveja viera que esta vez no llevaba alicates en las manos. Para mi sorpresa, me permitió llegar hasta su lado. Yo nunca había hablado con una oveja, pero ese día lo hice.

Le dije que sentía mucho el dolor que le había causado. También le dije cuán importante era para ella llevar la marca de su pastor y ser parte de ese gran rebaño. Y entre tanto que hablaba, le acaricié el lomo pasando la mano por su apretada y sedosa lana. Ella se dejaba tocar y se mostró tranquila. Parte de mí no podía creer que yo estuviera hablando con una *oveja*.

Oí la voz de Neumann que me hablaba desde la cerca y me decía.

—¡Ted, hasta ahora no me has desilusionado!

—¿Qué quiere usted decir? —pregunté.

—Bien —me dijo—, el último punto de tu lección de hoy es este: No podrás dejar una marca en las personas que diriges a menos que te relaciones con ellas estrecha y personalmente. Has terminado esta tarde de la misma forma que la empezaste, sosteniendo a la oveja muy cerca de ti, primero causándole dolor y ahora consolándola y animándola. Cada día en General Technologies tendrás que tomar la decisión acerca de la manera en que vas a dirigir. Puedes hacerlo a distancia o puedes hacerlo de manera cercana y personal. Tú puedes impresionar desde lejos, pero para ejercer influencia, para de verdad dejar una marca, tienes que hacerlo personalmente. Recuerda, Ted, para los grandes líderes, el liderazgo no es solo algo profesional, sino personal. Te veré la próxima semana en clase.

Aquella tarde, de regreso en mi apartamento, escribí amplias notas de todo lo que había aprendido aquel día. El nuevo material en mi cuaderno de notas se parecía al siguiente bosquejo:

A LA MANERA DE UN PASTOR

3. Ayude a sus ovejas a identificarse con usted
   - Cultive la confianza con sus seguidores siendo un modelo de sinceridad, integridad y compasión.
   - Establezca niveles altos de actuación.
   - Comunique de continuo sus valores y sentido de misión.
   - Defina la causa a sus seguidores y dígales dónde encajan ellos.
   - Recuerde que el buen liderazgo no es solo profesional, sino también personal.

CAPÍTULO 4

Haga que su lugar de

Pastoreo sea seguro

La semana siguiente resultó muy exigente. Teníamos que entregar unos cuantos trabajos escritos en esos días, y con la fecha de exámenes finales y de la graduación acercándose a toda velocidad, la competición era fiera. Nos comparaban a unos con otros, lo que aportaba una mezcla interesante de competición y cooperación («coopetición», como solían decir en la escuela).[1]

El jueves por la noche me llamó al apartamento el doctor Neumann.

—Ted, te habla Jack Neumann. ¿Cómo te va?

—Bastante bien, creo que voy a sobrevivir, a pesar de que solo estoy durmiendo cuatro horas cada noche.

—Eso está bien, persevera —me aconsejó Neumann—. Ya no te queda mucho. Llegarás a la meta antes de que te des cuenta. En realidad, por eso estoy llamando.

—Explíqueme —dije.

—Te llamaba para ver si nos podíamos reunir mañana después de mi clase en vez del sábado por la mañana —me explicó.

—Eso me va muy bien —contesté—. ¿Por qué el cambio?

—Pensé que te gustaría tener más tiempo el sábado.

—Muchas gracias —dije—. Tenga la seguridad que no me enojo. No me molesta para nada tener un poco más de tiempo para dormir.

—De acuerdo —respondió Neumann—. Espérame mañana enfrente de la escuela después de la clase y yo te recogeré. Nos vemos mañana.

Después de que el doctor Neumann dio su clase sobre conglomerados de empresas, salí para buscar en la calle la camioneta roja de mi consejero. De repente un Corvette completamente nuevo, blanco y rojo, convertible, dio la vuelta a la esquina y sonó el claxon. Para mi sorpresa, era el doctor Neumann el que iba sentado al volante.

—¡Sube! —me dijo muy contento.

—¡Qué auto tan estupendo! ¿Qué hizo con la camioneta?

—Ted, yo no saqué mi doctorado en Harvard para pasarme todo el tiempo dando vueltas en una camioneta vieja y desgastada —me dijo sonriendo ampliamente.

Durante los siguientes cuarenta y cinco minutos viajamos por carreteras del campo, acelerando y desacelerando por causa de las curvas y de las muchas subidas y bajadas del camino, poniendo a prueba el sistema de suspensión del Corvette. Por fin el doctor Neumann paró a un lado de la carretera a las afueras de Austin.

—Vamos —me dijo—. Es hora de recibir tu siguiente lección objetiva. Estoy bien seguro de que siempre vas a recordar esta.

Saltamos del auto y dimos unos pocos pasos a través de una hondonada hasta una cerca que corría paralela a la carretera.

—Mira esto — me dijo Neumann.

Inmediatamente se me abrió la boca. Ante mí tenía el cuadro más lastimero que jamás había visto.[2] *El doctor Neumann estaba en lo cierto*, pensé. *Nunca me olvidaré de esto.*

—Doctor Neumann esto es horrible.

—Es cierto, Ted. Mira con más detenimiento y dime qué ves.

—Veo unas pobres y escuálidas ovejas —dije—, con una lana enmarañada y llena de nudos. Veo un pasto marrón que da la impresión de que se lo están comiendo hasta la raíz.

Miré al horizonte y agregué:

—¡Esto es terrible! Veo unos refugios pobres y que se caen a pedazos.

—¿Qué más puedes ver, Ted? Mira con más detenimiento.

Inclinándome un poco y fijándome en las ovejas, pude ver moscas volando alrededor de la cabeza y los ojos de las ovejas. Y lo que vi a continuación me dio hasta repugnancia.

—Esto me revuelve el estómago —exclamé de sopetón.

En la parte trasera de las ovejas pude ver llagas infestadas con parásitos.

—Esas son moscardas —me explicó Neumann—. Ponen sus huevos en heridas y llagas no cuidadas de las ovejas. Los huevos se transforman en gusanos y se meten profundamente en la piel de las ovejas. Si no los tratas pronto, esa condición puede matar a la oveja.

—¿Quién puede *hacer* eso con estas dóciles criatura? —pregunté en voz alta.

—Lo que ves aquí, Ted —contestó Neumann—, es descuido. Lo que viste en mi redil es un cuidado vigilante. Yo quería que vieras la diferencia. No todos los rebaños se ven tan bien como el mío.

—O lugares de pastoreo —repliqué.

—Esa es en buena medida la razón por la que estas ovejas están en esta pobre condición —continuó diciendo Neumann—. El pastor, si es que lo puedes llamar así, no hizo que este lugar de pastoreo fuera un lugar seguro para sus ovejas. No se preocupó de hacer de esto un lugar donde sus ovejas pudieran prosperar.

—Eso es muy triste —respondí.

—Te diré lo que también es triste —añadió Neumann—. Cada día, cientos de miles de personas se levantan y van a trabajar a un redil que se parece mucho a este que ves aquí. Trabajan en un lugar de pastoreo descuidado, desatendido por las mismas personas que son responsables de su salud y bienestar. A la hora de salir, se van a casa habiendo logrado sobrevivir otro día, pero no se han desarrollado. Ciertamente no han prosperado. Por fuera, Ted, se les ve bien, pero por dentro se parecen a estas pobres ovejas.

—Entonces, ¿qué se requiere, además de lo que es evidente, para proporcionar a las personas un lugar seguro de pastoreo en el que puedan prosperar? —pregunté.

—Esa es una gran pregunta —contestó Neumann—. Volvamos a la universidad para que puedas recoger tu auto, y te lo iré diciendo por el camino.

Poco después, mientras corríamos a través de carreteras comarcales, el doctor Neumann me fue explicando la lección.

—Ted —empezó—, un rebaño no puede ser productivo, no puede producir la mejor lana ni la mejor carne, a menos que las ovejas obtengan el alimento y el descanso que necesitan. Una de las grandes razones por las que esas ovejas que hemos visto se encuentran en ese estado tan pobre es que están completamente agotadas.

Miró brevemente en mi dirección y luego continuó:

—Es un hecho comprobado que las ovejas no se echan a dormir hasta que se sientan seguras de al menos tres agravaciones.[3] Soluciona esas tres cosas y crearás un lugar de pastoreo seguro donde tu rebaño puede prosperar.

Neumann de nuevo quitó sus ojos de la carretera para mirarme por un momento mientras me presentaba el primer punto.

—La primera agravación es el temor. El rebaño debe estar libre de temor —me dijo.

—¿Libre del temor de recibir daños? —pregunté un poco nervioso.

—Sí, Ted, la oveja debe estar libre del temor de que la dañen.

—No, doctor Neumann, yo no estaba pensado en la oveja —dije, señalando asustado al gran tractor agrícola que iba delante de nosotros—. ¡Era más bien acerca de caca de oveja!

—Muy chistoso —respondió Neumann, dando con pericia un viraje brusco alrededor del enorme tractor—. Hombre, me gusta mucho este auto. Eso no lo hubiera podido haber hecho con la vieja camioneta Ford.

—Enviaré una nota de agradecimiento a la Chevrolet cuando llegue a casa —dije, al tiempo que me aferraba al asiento—. Me está usted ayudando a cultivar mi vida de oración.

—Eso está bien —dijo Neumann—. Estoy seguro que eso no te perjudica en nada. Bueno, volvamos ahora a las ovejas.

—Sí, por favor.

—¿En dónde estábamos? —dijo, sacudiendo un brazo en el aire.

Empecé a darme cuenta de lo animado que se ponía cuando hablaba de sus ovejas.

—Ah, sí —continuó—. A fin de que el lugar de pastoreo sea seguro, las ovejas se tienen que sentir protegidas de los animales depredadores. Si no se sienten seguras, las verás constantemente sobre sus patas, siempre vigilantes por si acaso tienen que echar a correr. ¿Te fijaste en las cercas de aquel campo?

—Sí —dije—. Se encontraban en tal mal estado como los refugios. Había secciones en las que la cerca estaba prácticamente caída.

—Puede que las ovejas no sean los animales de cuatro patas más inteligentes —declaró Neumann—, pero saben cuándo están en peligro. Esa es la razón por la que todas estaban de pie. En una forma más sutil, nosotros también somos como ellas. Siempre que nos da el olorcillo de que algo anda mal, nos ponemos a caminar de puntillas. Es la incertidumbre que nos domina.

Después de pensar en esto por un momento, dije:

—Doctor Neumann, ¿recuerda que le hablé que hice prácticas en un banco un verano?

—Sí —contestó.

—Trabajé en aquel banco dos años después de sacar mi licenciatura. A mitad del segundo año el banco empezó a experimentar algunas dificultades financieras. Cada dos semanas circulaba el rumor de que nos iban a despedir a todos. Aquello fue terrible. Todos funcionábamos como pisando huevos. Seguí esforzándome en hacer el mejor trabajo posible a fin de que, en el caso de que los rumores resultaran ciertos, a mí no me despidieran. El problema estaba en que siempre que estaba trabajando me pasaba el tiempo pensado en que quizá trabajaba en vano. Me resultaba muy difícil concentrarme en la tarea.

El doctor Neumann movió la cabeza afirmativamente y dijo:

—A eso me refiero exactamente. Si no te sientes seguro en el trabajo, no hay forma de que puedas hacer tu mejor tarea. ¡Ted, nunca te olvides de eso! Tú no podías estar enfocado en esas condiciones, como tampoco lo estarán tus compañeros en General Technologies. Para rendir al máximo, tus subordinados tienen que sentirse libres del temor.

—¿Cómo maneja usted eso? —pregunté.

—Haciendo todo lo que está en mis manos para eliminar la incertidumbre que los distrae. Lo logras manteniendo a tu gente bien informada. Si hay malas noticias, sé tú el primero en comunicárselas. Si ellos están seguros de que tú se lo vas a decir tan pronto como lo sepas, serán menos susceptibles a los rumores. En realidad, es en casos así que los instintos gregarios no son buenos. Si tus empleados no confían en ti para que los tengas informados en asuntos que los afectan directamente, todo lo que se necesita es que una persona se entere de alguna mala noticia, y lo siguiente que va a suceder es que tendrás a todo el departamento comentando alrededor de la cafetera.

Neumann de nuevo se volvió hacia mí para mirarme y así hacer hincapié en lo dicho.

—Si eso sucede a menudo —me advirtió—, es una indicación de que no has sido un buen pastor para tu rebaño.

—Es una buena advertencia —dije un poco nervioso, fijando los ojos en la carretera enfrente de mí.

—Una cosa más antes de continuar —dijo Neumann—. Ten a tus ovejas informadas individualmente, así como al rebaño como un conjunto.

—¿En cuanto a qué? —pregunté.

—Específicamente, en cuanto a su actuación. Una gran incertidumbre que mantiene a las personas agitadas son las evaluaciones anuales. Te ayudará mucho a hacer que se sientan mucho más seguros si tú los vas informando de su progreso *antes* de la evaluación anual. De esa forma no se sentirán sorprendidos si reciben una evaluación negativa, y lo que es más importante, tendrán la oportunidad de mejorar su actuación antes de que llegue la fecha de la evaluación.

—Eso está bien —dije—. ¿Cuál es la segunda preocupación que dificulta que el rebaño prospere?

—La rivalidad —dijo Neumann. Hizo una pausa y continuó—. Se puede hacer una disertación doctoral sobre los efectos en las ganancias que tienen las fricciones dentro de los departamentos de una empresa, y entre los diferentes departamentos. La rivalidad hace que las personas trabajen unas en contra de otras en vez de trabajar juntas. Son innumerables las empresas que se han hundido porque los empleados han estado luchando unos contra otros en vez de luchar contra la competencia.

—¿Y cómo maneja usted esas situaciones? —pregunté.

—Tienes que lidiar con ellos en sus principales fuentes —dijo Neumann—. Las tensiones surgen a menudo porque los empleados andan compitiendo por posiciones. Las ovejas son por lo general animales dóciles, pero no te dejes engañar por eso; hay una lucha jerárquica dentro del rebaño. Aquí tenemos otro ejemplo de cómo las personas somos como las ovejas. Nos consumimos por saber dónde estamos en el orden jerárquico.

—Si —dije sonriendo—. Como nos pasa en la clase.

—Exactamente, Ted. Esa es la razón por la que la primera pregunta que hacen los estudiantes cuando les entrego los resultados de los exámenes…

—Cuál ha sido el promedio —interrumpí.

—¿Lo ves? Todos quieren saber si su actuación estuvo por encima o por debajo del promedio de la clase. Está en la naturaleza luchar por posiciones.

—¿Entonces qué hacer para manejar esas situaciones?

—Procura hacer sentir que cada posición tiene importancia —dijo Neumann, al tiempo que le daba al acelerador un poquito más—. Verás a las personas menos dispuestas a luchar por posiciones si sienten que su posición presente tiene un cierto grado de importancia. Tienes que comunicar a tu gente en GT desde el primer día que *todos* son importantes en tu equipo. Enséñales que cada uno de ellos tiene un papel importante que cumplir. Hazles sentir que no podrías lograr nada sin ellos.

En ese momento hice una segunda observación: Cuanto más rápido hablaba Neumann, tanto más veloz iba el auto.

—Después —siguió diciendo— tienes que eliminar a los instigadores crónicos del rebaño. Hay algunas personas en la vida, Ted, que no se sienten felices a menos que sean infelices. Solo se necesita una persona contenciosa para destruir la atmósfera de colaboración de todo el departamento. Las personas no pueden centrar su atención en un proyecto si tienen que prestar atención a una oveja contumaz y obstinada.

El profesor tenía la cara roja. Apretando el acelerador un poquito más, dijo:

—Esas personas me enojan.

—Eso tiene mucho que ver con lo que usted dijo en el centro de subastas sobre asegurarse de retener a las personas que tienen buena actitud —dije mientras me agarraba con más fuerza a mi asiento.

—Absolutamente —replicó Neumann—. Dicho sea de paso, Ted, ¿te fijaste en las cortadas y cicatrices de las ovejas allá arriba?

—Sí —dije sin soltar ambas manos del asiento—. Se veían horriblemente infectadas.

—Exacto, pero ¿has pensando en cómo llegaron a producirse esas heridas?

—No —dije—. ¿Estaban golpeándose en la cabeza para determinar el orden jerárquico?

—No, no esta vez —dijo moviendo la cabeza—. Es triste decirlo. Se lo hicieron luchando por la misma pequeña parcela de hierba. A menudo vemos la rivalidad en su más alta expresión cuando las personas pelean por algo pequeño. Los pastores sabios protegen a su rebaño de estas situaciones produciendo rotaciones de lugares de pastoreo. Las llevan a campos con pasto más verde y abundante. Eso es lo que debiera haber hecho con sus ovejas aquel pastor descuidado. No voy dedicar mucho tiempo a esto. Lo que quiero decir es: Rota las oportunidades entre los diferentes miembros de tu equipo. De esa manera no sentirán la necesidad de luchar por ello.

Neumann hizo una pausa por unos segundos y después añadió:

—Sabes, como padre de hijos jóvenes, he aprendido que es sabio hacer una rotación de tareas entre los hijos. ¿Qué puede haber más desalentador que saber que tú eres el hijo destinado de por vida a sacar la basura?

Se rió y luego prosiguió:

—Bueno, lo que sigue no es tan importante como lo anterior, pero puede afectar la productividad del equipo. La irritación número tres: Plagas.

—¿Plagas? ¿Habla en serio? —pregunté.

—Absolutamente. Un lugar de pastoreo que no conserva a las ovejas libres de plagas no es un sitio donde se puede prosperar. La presencia de un gran número de moscas y mosquitos es una fuente constante de irritación para las ovejas. No se echan a dormir hasta que no están libres de ellos. Ahora bien, las cosas que plagan a la gente en los lugares de trabajo no son, obviamente, las mismas que afectan a los animales, pero no son menos irritantes. A veces los supervisores son expertos en crear irritaciones que distraen a los empleados de sus trabajos.

—¿Cómo cuales?

—Por ejemplo, si el decano convoca otra nueva reunión para hablar de la extensión de nuestro programa universitario en Nueva Orleans, creo que me da un ataque —dijo Neumann mientras volteaba a la derecha y se salía un poco del camino.

—Oh, ya —dije, agarrándome con todas mis fuerzas al asiento—. Cuando el banco en el que trabajé pasaba por dificultades financieras, los empleados pasamos por todas las iniciativas de reducción de gastos. Cada día recibía unos cuantos memorandos anunciando las nuevas medidas tomadas. Uno de los que nos pasaron a todos limitaba las veces que podíamos tirar de la cadena en el baño.

—¿Estás bromeando? Eso si que sería irritante —dijo Neumann—. Lo interesante acerca de las plagas es que suelen ser pequeñas. Son minúsculos en el conjunto general de las cosas, pero pueden distraer por completo a las personas. Cosas como cambios frecuente en el orden de prioridades, cambios en las iniciativas, empleados que les gusta hablar y se ponen a menudo a conversar con los demás y les privan de terminar a tiempo su tarea. Piensa en ello. ¿Qué dices cuando una persona se convierte en una fuente constante de irritación? —dijo Neumann, a la vez que soltaba una mano del volante para señalar en mi dirección.

—¡Eh! ¡Perdone! —me disculpé— ¿Qué dijo?

—Nosotros decimos: «Deja de ser una chinche».[4] ¿De dónde crees que viene esa frase?

—Creo que sé —dije.

—Es el mismo principio. A menudo es la más pequeña de las molestias la que hace que nuestro lugar de trabajo se convierta en inaguantable.

—Me imagino que no hay mucho que podamos hacer, excepto minimizarlo al máximo.

La próxima vez manejo yo el auto, pensé.

—Exacto —contestó Neumann—. Pero que no se te vaya la mano, porque puedes terminar enviando memorandos prohibiendo tirar demasiado seguido de la cadena en el baño.

Cuando al fin empezó a aminorar la velocidad al entrar en los límites de la ciudad de Austin, Neumann dijo.

—Las ovejas no se echan a dormir mientras no se vean libres del temor, de las rivalidades, de las plagas y... del hambre. Como las ovejas, nosotros también tenemos hambre, pero por cosas diferentes. Los empleados bajo tus órdenes a veces tienen hambre de mayor responsabilidad y promociones, a veces por mejor paga. Lo que quiero decir con procurar que tu lugar de trabajo sea seguro es porque si tú no lo haces...

—Ellos van a buscar uno que sí lo haga —interrumpí.

—Exacto. Las empresas gastan millones de dólares en la capacitación de nuevos empleados porque los viejos se descorazonan y se van buscando mejores pastos. El síndrome de buscar pastos más verdes no solo inmoviliza una tremenda cantidad de capital, sino que frena la productividad al tener que esperar que los nuevos ayuden a recuperar el ritmo. Por supuesto, no se puede eliminar por completo el problema. Algunas personas son vagabundos de carrera y se marcharán después de un par de años, sin importar lo que hagan los supervisores. Sin embargo, las compañías pueden encontrar que si le prestan más atención a estas cosas, no tendrán que gastar tantos en corregirlas.

Al fin, cuando paró en el estacionamiento de la universidad, Neumann dijo.

—Ted, sé que hemos cubierto mucho material en este día, pero yo no sería un buen maestro si te dejara marchar sin decirte dos de los principios más importantes y prácticos para lograr que tu departamento sea un lugar seguro en General Technologies en el que las personas puedan prosperar.

—Estupendo —dije agradecido de que el auto estuviera completamente parado.

—Número uno —dijo Neumann—, sé visible. No seas un pastor ausente. Lo que he tratado de decirte en este día es que tú estableces el tono para el ambiente de trabajo en tu departamento. Si creas una atmósfera de seguridad en la que tu equipo puede trabajar sin distracciones, te asombrarás de todo lo que puedes conseguir. Te asombrarás también de la lealtad que vas a recibir de tus colegas. Y no puedes hacer eso a menos que salgas y los demás te vean. Nada les da más seguridad a las ovejas que la presencia del pastor.

—Si ellas confían en el pastor —añadí yo—. Eso es por lo que hablamos al principio acerca de crear un vínculo de confianza entre él y su equipo.

Neumann me miró y sonrió.

—Las ovejas sentirán la protección de su líder si saben instintivamente que él está muy interesado en su bienestar y pueden ver que él se encuentra presente en el campo con ellas —agregó—. Las personas son iguales. Pueden manejar las incertidumbres del futuro si pueden ver a un líder en el que están seguras que pueden confiar hoy.

—Eso está buenísimo —dije al tiempo que tomaba copiosas notas en mi cuaderno.

—Esa es la primera cosa. La segunda viene de años de experiencia por hacer las cosas en la forma equivocada.

—¿A qué se refiere —dije riendo.

—No les des a los problemas tiempo para enconarse —dijo Neumann—. Una de las cosas de las que hablamos varias veces cuando regresábamos es el instinto gregario de las ovejas. En los rebaños que he dirigido, he visto numerosas veces cómo una oveja enferma contagia a todas las demás.

—¿Usted cree que eso es lo que pasó con el rebaño que hemos visto hoy? —pregunté.

—Es lo más probable —respondió Neumann—. Un pastor más dedicado hubiera visto el problema mucho antes y lo habría corregido. ¡Tú asegúrate de hacer eso cuando estés en GT! Si actúas con suficiente rapidez, un problema individual no se convertirá en un problema de equipo.

Medité en esa declaración por un minuto, luego el doctor Neumann extendió su brazo y dijo.

—Ahora vete a descansar un rato. Yo también quiero que hagas todo lo mejor que puedas.

—Gracias —dije—. Creo que hoy voy a descolgar el teléfono.

—Esa es una buena idea. Puede que yo haga lo mismo.

Había sido una lección muy productiva. Al poco de marcharse el doctor Neumann, me senté en la banqueta enfrente de la escuela y terminé de escribir mis apuntes.

A LA MANERA DE UN PASTOR

4. Haga que su lugar de pastoreo sea seguro
  - Mantenga a sus compañeros de trabajo bien informados.
  - Haga sentir que *todas* las posiciones son importantes.
  - Saque del rebaño a los instigadores crónicos.
  - Traslade regularmente el rebaño a pastos frescos.
  - Haga que las ovejas se sientan seguras manteniéndose usted visible.
  - No les dé tiempo a los problemas para enconarse.

CAPÍTULO 5

LA VARA DE DIRECCIÓN

El doctor Neumann propuso darme la siguiente lección en su oficina. Su secretaria me llamó para informarme del horario tan cargado del profesor y preguntarme si me iría bien que nos reuniéramos allí. A lo que respondí:

—Por mi parte no hay ningún problema.

Y desde luego no me molestaba estar en el interior de un edificio, porque en Texas el verano comienza pronto y me agradaba tener una vez la lección a la sombra, donde podríamos disfrutar del aire acondicionado.

Llegué un poco temprano. Mientras esperaba que llegara el doctor Neumann, me dediqué a husmear alrededor de su oficina. Me impresionó ver lo limpio y arreglado que estaba. No estaba llena de pilas de revistas antiguas, como había visto en tantas oficinas de universidad. Las estanterías parecían estar llenas de todo libro imaginable que se pudiera haber escrito sobre administración y estrategia empresarial. *Este hombre no debe ver mucha televisión*, me dije.

Después examiné las paredes, adornadas con pergaminos, numerosos premios y varios certificados de reconocimiento. Asombrado por los logros del doctor Neumann, empecé a hablar conmigo mismo en voz alta: «¡Se licenció en Stanford; sacó su maestría en Wharton; y el doctorado en Harvard! Este hombre no ve la televisión para nada».

71

También adornaban las paredes fotografías y recuerdos de muchas partes del mundo. «Este hombre ha viajado bastante», dije. «Ni siquiera sé de dónde proceden la mitad de estas chucherías».

—Esas *chucherías*, como tú las llamas son mis tesoros de muchas partes del mundo —dijo Neumann cerrando la puerta tras sí—. Dos de ellas representan una de las razones por la que te he pedido que nos reuniéramos aquí. La otra razón es porque estoy invadido con los trabajos escritos de fin de curso, incluyendo los tuyos.

—Discúlpeme, por favor —dije aclarándome la garganta—. Creo que debiera haber usado otra expresión en vez de chucherías.

—No te preocupes, está bien —respondió él.

Luego retiró cuidadosamente de la pared dos varas y los puso sobre su escritorio. Caminó alrededor del escritorio hasta el otro lado y me entregó la más larga de las varas y se sentó en su sillón. La vara tenía algo más de 1,6 metros de largo y una amplia curva remataba uno de sus extremos, que le daba semejanza a un signo de interrogación.

—¿Tú sabes qué es esto, Ted?

—Me parece que es un bastón para caminar —contesté.

—Esta es una vara de pastor muy antigua —me dijo él.

—¡Qué bien! —contesté—. ¿Dónde la encontró?

—En Inglaterra —contestó—. Pasé un verano enseñando en Oxford y allí la encontré. Esa vara que sostienes en tus manos tiene más de doscientos años.

—¡Caramba! —exclamé—, es más antigua que nuestro país.

—Eso no es nada —replicó Neumann—. A las ovejas las empezaron a domesticar hace unos ocho mil años. En realidad, las prendas de vestir de lana se usaban ya en Babilonia —el nombre del país significa «tierra de la lana»— tan temprano como en el año 4000 a.C.[1]

—Eso sí que es antiguo —dije.

—La vara y el cayado —dijo Neumann, señalando a la otra vara más corta en la mesa— fueron los precursores de los cetros usados por los reyes antiguos, lo que era muy apropiado, puesto que a los gobernantes se les llamaba pastores del pueblo.

Me miró fijamente y continuó:

—Lo que quiero decir es que las lecciones que estás aprendiendo son antiguas en sus orígenes. Estas mismas verdades sobre el liderazgo ayudaron a reyes poderosos a gobernar a sus pueblos. Han sido probadas a lo largo de las edades, Ted, y *dan resultado*. Hablemos ahora sobre cómo usaban la vara. ¿Lo sabes?

—Bueno, me imagino que le ayudaba al pastor a caminar por terrenos agrestes y escabrosos —respondí.

—Yo sé por experiencia personal que es muy útil para eso —dijo Neumann—, pero ese no era el propósito principal de la vara.

—¿Cuál era, pues, su uso principal? —respondí ya intrigado.

—La vara es la mejor herramienta que tiene el pastor para dirigir a sus ovejas —dijo Neumann e hizo una pausa para que calaran sus palabras.

—¿Quiere usted decir que… esta era una herramienta de *liderazgo*? —dije al tiempo que examinaba la vara que tenía en mis manos.

—Eso es exactamente —declaró Neumann. Se inclinó hacia delante y añadió luego muy serio—. La vara nos habla de cuatro funciones de liderazgo que le ayudan al pastor a cumplir con su tarea. Cada función representa una responsabilidad inherente en lo que significa ser un pastor-líder. Si fallas en estas cosas, Ted, le habrás fallado a tu rebaño.

—Entiendo —dije.

—Primera —dijo Neumann—, la vara representa tu responsabilidad de dirigir a tu gente.[2] La primera tarea del día de un pastor es sacar a su rebaño del redil y llevarlo a buenos pastos.[3] Así que el pastor no solo necesita conocer el terreno y saber dónde puede encontrar pastos buenos y frescos sino también llevar a sus ovejas allí. Un pastor hábil sabe hacerlo. Él solo puede mover a un rebaño de más de cien ovejas hasta una cierta distancia.

—Eso es increíble —respondí—. ¿Cómo puede hacer eso una sola persona?

Neumann sonrió y dijo:

—Ese es el arte del liderazgo. El pastor usa lo que tienes en tus manos.

—¿La vara? —pregunté.

—Sí. Como todo animal con mentalidad gregaria, la oveja generalmente va a seguir a la oveja que va a la cabeza. De modo que el pastor puede dirigir a todo un rebaño poniéndose al frente de las ovejas y usando su vara para orientar suavemente a la oveja líder en la dirección que él desea que vayan.

—Me imagino que es algo impresionante —dije.

—Es bien emocionante —replicó Neumann—, siempre y cuando sepas adónde vas. Es un sentimiento muy diferente cuando estás al frente de un rebaño de ovejas hambrientas y sedientas y estás perdido.

—Me imagino que tampoco las ovejas se sienten bien —dije con cierto sarcasmo.

—No, no lo es —replicó Neumann—. ¿Recuerdas el rebaño descuidado que vimos la pasada semana? No se hubieran encontrado en esa condición tan pobre si el pastor las hubiera llevado a mejores pastos. Por el contrario, las mantuvo alimentándose en un campo agotado e infectado.[4]

—Disculpe —dije, tratando de ponerme serio otra vez. (Me acordé que Neumann tenía todavía que leer y calificar mi trabajo escrito de fin de curso.)

—No te preocupes por ello —dijo Neumann—. La tendencia de la oveja es enfocarse en la hierba que tiene inmediatamente delante. Por tanto, alguien tiene que dedicarse a pensar hacia dónde conviene llevar el rebaño.

»Es lo mismo con las personas. Tienen la tendencia a meter la cabeza en su trabajo y no la levantan mientras no ha terminado el día. Alguien tiene que estar oteando el horizonte para ver dónde está la hierba verde. La persona también tiene que mantener al rebaño junto y dirigirlo adonde necesita ir. En un pequeño departamento de finanzas en General Technologies, esa persona vas a ser tú. Procura ser un buen pastor y dirige a tu rebaño. Tienes que saber adónde vas, ponerte al frente y mantener en marcha a tu rebaño.

Hizo una pausa para permitirme empaparme con el consejo, y luego continuó:

—Ahora bien, cuando estés dirigiendo a tu rebaño, asegúrate de no confundir la vara con el cayado —dijo y señaló al segundo instrumento sobre la mesa—. Con frecuencia los líderes no se ganan la lealtad de su gente porque dirigen más con el cayado que con la vara.

—Explíqueme eso, por favor —dije—. Creo que sé de qué está hablando, pero me gustaría saber más.

—En general —Neumann explicó—, la vara es el instrumento más suave de los dos. El pastor la usa para dirigir a su rebaño con toques ligeros aquí y allá, no con golpes fuertes y severos. En consecuencia, las ovejas le siguen en base de confianza, no de temor.

—Ya veo lo que quiere decir —dije—. Yo lo había pensado al revés. ¿Recuerda que le hablé de un jefe que tuve que siempre que nos equivocábamos aprovechaba para echárnoslo en cara?

—Sí —respondió Neumann.

—Él es un buen ejemplo de alguien que dirige con el cayado en vez de hacerlo con la vara.

—Eso es —concordó Neumann—. ¿Y cuánta lealtad sentías por él como tu líder?

—Ninguna —respondí—. No lo podíamos aguantar. En realidad, todos le teníamos temor.

—Trabajabas porque tenías temor de *no* hacerlo —contestó él—. El pastor dirige a sus ovejas. El perro ladrador es el que las asusta y empuja.

Respiré profundamente y dije:

—Me causaría mucha tristeza que mis compañeros de trabajo me vieran a mí alguna vez de esa manera. Así que, ¿cómo les proveo de dirección a fin de que me vean como el pastor y no como el perro ladrador?

—Con toques suaves y no con golpes fuertes —respondió Neumann—. Primero, cuando dirijas a tus compañeros usa la persuasión, no la coacción.[5] En vez de hacer declaraciones, has solicitudes. Ofrece sugerencias e ideas. No des órdenes ni hagas demandas; más bien haz propuestas y recomendaciones.

»Segundo, señala el camino poniéndote al frente y *muéstrales* entonces el camino. Y cuando se equivoquen en vez de avergonzarlos, como hacía vuestro jefe con vosotros, usa el incidente como una oportunidad para enseñar.

—Esa es una buena palabra —dije.

—Gracias —respondió él—. Sigamos adelante. La segunda función de la vara es establecer los límites. A pesar de que las ovejas tienen un fuerte instinto gregario, tienen también una cierta tendencia a alejarse del rebaño.

—Eso no tiene sentido —objeté—. ¿Cómo pueden tener una tendencia a hacer algo que va en contra de sus instintos?

—No quieren en realidad extraviarse, Ted — me explicó Neumann—. Ellas están con sus cabezas agachadas preocupadas por comer el pasto. El problema está en que las ovejas no ven más allá de unos quince metros. Si se van alejando en una dirección diferente de la que el rebaño se está encaminando, no tienen que mordisquear mucho antes de que se vean completamente perdidas.

—No estoy seguro de que me guste esa comparación entre las ovejas y las personas —dije—. Me estoy empezando a sentir como un tonto.

Neumann se echó a reír.

—¿No has tomado alguna vez una decisión en tu vida que parecía insignificante en ese momento, pero que al examinarla más tarde, dijiste: «Cómo fue posible que yo hiciera esto»?

—Sí, es cierto, más veces de las que me gusta admitir.

—Lo ves cómo sí sirve la comparación.

—Está bien, capto la idea —dije—. Volvamos a las ovejas.

—En realidad —contestó él—, volvamos al pastor. Es su responsabilidad el mantener a las ovejas juntas y andando en la misma dirección. Si ve que una de las ovejas se va alejando de la seguridad del rebaño, usará la parte recta de su vara y tocará a la oveja en el hombro como una señal de que va en la dirección equivocada. Si la oveja no capta el mensaje, él meterá la parte curvada de la vara en su cuello y la obligará físicamente a que se ponga en línea con el resto del rebaño.

Neumann se dio cuenta de la mirada un poco perpleja que yo tenía y continuó:

—La vara no es muy larga porque es un bastón para caminar, pero es lo suficientemente larga para extender el alcance del brazo del pastor. Cuando estés trabajando en General Technologies, tendrás la responsabilidad de hacer que todos los que forman tu equipo sepan dónde está la línea que no deben pasar. Si cruzan esa línea, es tu responsabilidad darles un toquecito en el hombro para que lo recuerden.

—¿Y si eso no da resultado? —pregunté.

—Entonces hay que apretar un poquito más la tuerca —contestó Neumann—. Establecer límites no es una cuestión de ego personal; sino una cuestión práctica y de seguridad. Tu departamento no podrá cumplir con su misión a menos que todos caminen juntos y en la misma dirección. Lo que es más, no puedes proteger a nadie que se haya ido más allá de la seguridad de tu alcance. Los límites no son malos, sino buenos. A menos, por supuesto, que confundas los límites con las bridas.

—En otras palabras —dije—, tengo que asegurarme que mis compañeros saben dónde están los límites de la cerca, pero darles la libertad de moverse dentro de ella.

—¡Exactamente! —contestó Neumann—. Les ponemos bridas a los caballos porque queremos montarlos; pero no montamos en ovejas. Uno de los más grandes errores que comenten los nuevos supervisores es supervisar minuciosamente a su gente. Piensan que el trabajo de equipo significa que todos tienen que hacerlo todo de la misma forma. Ted, tú vas a querer estar seguro de que tus supervisados no se van muy por delante de ti, pero tampoco quieres que sientan que están encarcelados. Tú les das dirección y les señalas las expectativas, y luego los dejas que decidan cuál es la mejor manera de hacerlo. Si se alejan demasiado, les das un toquecito en el hombro y así se lo das a entender.

—Y si no lo entienden, habrá que apretar un poquito más la tuerca —dije.

—Sí, apretar un poquito más la tuerca —repitió Neumann.

—Esta es una vara muy interesante —dije al tiempo que me ponía de pie con la vara en la mano. Me dediqué a moverla como si supiera cómo usarla—. Esto no es tan fácil como parece. ¿Para qué otras dos funciones sirve?

—Es una *vara* —dijo Neumann, mirándome con curiosidad desde el otro lado del escritorio—. Si es cierto, puede hacer mucho en las manos de un pastor hábil.

—¿Cómo qué?

—Tercera, la vara ayuda a rescatar a una oveja en apuros.

—¿Una oveja en apuros? —pregunté.

—Sí. Porque a pesar de cuán bueno seas como pastor o con cuánta diligencia lo intentes, ocasionalmente una oveja se va a desviar del rebaño. ¿Recuerdas el primer día que te presenté a mis ovejas?

—¿Cómo lo voy a poder olvidar? —dije.

—¿Qué es lo primero que te pedí que hicieras?

Pensé por un momento y contesté:

—Me pidió que contara las ovejas.

—Correcto —dijo Neumann—, recuerdas bien. Yo quería estar seguro de que estaban todas. Hubo ocasiones cuando no me salía la cuenta exacta porque una o dos ovejas habían encontrado un punto débil en la cerca y se habían salido del redil.

—¿Qué hizo usted en esas circunstancias? —pregunté.

—Salí a buscarlas —respondió Neumann—. Como te he dicho, las ovejas son criaturas bastante vulnerables. Les pueden suceder muchas cosas cuando se escapan del redil y se extravían.

—¿Se refiere a animales depredadores? —pregunté.

—Eso, y que pueden quedar atrapadas en situaciones de las que no pueden salir por sí mismas. He visto a algunas quedar atrapadas en grietas de las rocas, y otras que su espesa lana se ha quedado enmarañada en las zarzas u otros arbustos al punto de que no se podían mover.[6] Si no las encuentras con rapidez se pueden deshidratar fácilmente o, como tú bien has dicho, pueden convertirse en presa fácil de los depredadores. Así que cuando mis ovejas se meten en problemas, llamo a mis ayudantes y nos vamos a buscarlas. Cuando las encuentro, uso la parte curvada de la vara para sacarlas de donde se han metido. A veces paso horas buscando a una oveja perdida.

—¿Qué hace si está lloviendo? —pregunté para sondear.

—No importa. Es *mi* oveja. Soy el responsable de su bienestar y seguridad. Si están en dificultades, voy a buscarlas y procuro regresarlas sanas y salvas.

Estoy seguro que a las personas les gusta trabajar con usted, pensé para mis adentros. Empecé a mirar a Neumann con creciente aprecio.

—Es así mismo con las personas —me dijo—. No importa cuánto trates de mantener a todos juntos y caminando en la misma dirección, algunos se van a salir del camino y meterse en problemas. Eso sucede sin fallar. Pasa en todas partes que yo conozco —Neumann movió la cabeza—. Cuando eso te suceda, cuando un miembro de tu equipo en GT se meta en dificultades, vete a buscarlo y sácalo.

—¿De qué clase de problemas está hablando? —pregunté.

—Te van a dejar asombrado cada vez que suceda —dijo Neumann—. A veces te dejan sorprendido por su ingenuidad para meterse en dificultades. Quizá han desobedecido una orden, o han fastidiado a un vendedor, o han incomodado a un cliente importante, o se han pasado en sus atribuciones. Es tu tarea como pastor sacarlos del problema. Cuando lo haces, te asombrarás de la lealtad que te prestan y de la confianza que depositan en ti.

Mi cabeza empezaba a estar llena con toda la enseñanza que estaba recibiendo mediante una simple vara. Y, no obstante, no habíamos terminado.

—Por último —dijo Neumann—, vamos a hablar de la cuarta responsabilidad de liderazgo que representa la vara.

—Está bien —dije sentándome de nuevo y dejando la vara sobre el escritorio de Neumann.

—La vara representa la responsabilidad del pastor de animar a su rebaño —declaró.

—No tengo ninguna duda de la necesidad de eso —dije—, pero ¿cómo anima el pastor con un palo?

—Con una *vara* —me corrigió Neumann.

—Claro, eso es lo que quiero decir, una vara.

—En dos manera diferentes. A veces el pastor la usa para separar a una oveja del resto del rebaño y atraerla hacia él. En otras ocasiones la usa para tocar suavemente a la oveja en el costado o el lomo y hacerle saber que se ha dado cuenta de lo que está haciendo.

—¿Para qué necesitan saberlo? —pregunté.

—Para consuelo suyo —contestó él—. No olvides que no hay nada que le dé más seguridad a la oveja que la presencia del pastor en el que confía. Recuerdo una vez cuando yo era joven y estaba en el campo con las ovejas que un perro atacó a una de las nuestras. Llegué a tiempo, pero a pesar de todo el perro la lastimó bastante. Durante los siguientes días, siempre que dirigía el rebaño, llevaba a esa oveja cerca de mí a fin de que se sintiera protegida. Era mi manera de comunicarle que estaba allí para cuidar de ella. Por meses después del incidente, mucho después de haber sanado, ella venía a mi encuentro y frotaba su cabeza contra mi pierna.

Neumann se volvió para mirarme y continuó:

—Los buenos pastores nunca se olvidan de animar a su gente continuamente, Ted. Habrá momentos cuando el mejor liderazgo que puedas darle a un empleado herido es llevarlo cerca de ti y hacerle sentir que lo apoyas. Quizá se equivocó y cometió un terrible error de contabilidad; sea lo que sea, ese es el momento cuando tu empleado necesita recuperar la confianza en sí mismo.[7] Todo lo que se requiere es un toquecito o dos para hacerle sentir que ese fallo no es algo fatal en el departamento de Ted McBride. Hazlo y serás un pastor que tus ovejas van a querer seguir.

»Ahora —dijo al tiempo que tomaba su vara y se dirigió a ponerla en su lugar en la pared—, ¿tienes alguna otra pregunta?

—No —contesté—. Esta lección ha sido muy buena. Creo que usted me ha dado más que suficiente para pensar y digerir.

—Y yo tengo más que suficientes trabajos escritos que revisar y calificar —respondió mientras ponía la vara en su lugar y retrocedía un paso para admirarla—. No está nada mal para ser una *chuchería*.

Tarde en la noche repasé las notas que había tomado sobre lo que significaba para un pastor llevar la vara del liderazgo. Estos son mis apuntes de la última lección:

A LA MANERA DE UN PASTOR

5. La vara de dirección
- Sepa a dónde va, póngase al frente y mantenga a su rebaño en movimiento.
- Cuando dirija, use la persuasión en vez de la coacción.
- Dé a su gente libertad de movimientos, pero asegúrese de que saben bien dónde comienza la cerca. ¡No confunda límites con bridas!
- Cuando sus supervisados se metan en problemas, ayúdelos a salir de ellos.
- Recuerde a su gente que fallar no es fatal.

CAPÍTULO 6

EL CAYADO DE CORRECCIÓN

Al acercarse la fecha de graduación, empecé a darme cuenta que se terminaba el tiempo que iba a pasar con el doctor Neumann. Había aprendido muchas lecciones durante las últimas semanas que yo sabía que iban a permanecer conmigo por el resto de mi vida.

Había aprendido que cada atributo de un gran liderazgo está encarnado en la vida y el trabajo de un pastor. También me di cuenta que Jack Neumann era un buen modelo de los principios que me estaba enseñando. ¡Este hombre practica lo que predica! Los que asistíamos a sus clases sabíamos cuán exigente podía ser; no aceptaba ningún trabajo que no fuera lo mejor que podíamos hacer. (La mayoría de nuestros trabajos escritos nos los devolvía con tantos signos de interrogación y comentarios que pareciera como si el doctor Neumann hubiera sangrado sobre ellos.) Pero todos nosotros sabíamos que estaba dedicado cien por ciento a «sus» estudiantes. Él, más que ningún otro, quería que tuviéramos éxito.

Yo había llegado a desear que llegara el momento de reunirnos. Me hacía sentirme importante el tener la oportunidad de relacionarme fuera del aula con este gran hombre. Si bien esperaba con ansias la graduación y la liberación de la intensidad del estudio, sabía que echaría mucho de menos estos encuentros tan especiales con Jack Neumann.

Estaba bastante seguro de cuál sería el tema de nuestra siguiente lección. Nos reunimos el sábado como a las 10:00 de la mañana en el campo interno de la universidad. Allí no había nadie, excepto nosotros. Como faltaban solo unos días para los exámenes finales, los estudiantes se encontraban estudiando o recuperándose del sueño perdido durante tantos días.

—Buenos días, Ted —dijo Neumann mientras se acercaba al campo.

—Buenos días, doctor Neumann —respondí, e inmediatamente me di cuenta del palo corto que llevaba en la mano; lo había visto en su oficina la semana anterior—. Me parece que ya sé que es eso —dije.

—Esto es un *iwise* —respondió Neumann.

—¿Un *i qué*? —dije.

—Un *iwisi*. Se conoce con diferentes nombres. Así es como lo llaman en África. Los pastores y guerreros zulúes lo usan. En Irlanda lo conocen como *knobkerrie* En el Medio Oriente es un *shebet*. Nosotros lo conocemos como el cayado del pastor. Sin tener en cuenta el continente de su origen, lo hacen de una manera muy parecida —me explicó mientras me lo pasaba.

Le di vueltas al cayado en mis manos para examinarlo mejor. Tenía como cincuenta centímetros de largo, suave en la parte que servía de mango para agarrarlo y bastante pesado en el otro extremo a causa de un nudo o bola en forma de perilla.

—Es una raíz que se saca de la tierra —me dijo Neumann—. El nudo al final es el bulbo o nudo grande de la raíz. Eso es lo que hace que esto se convierta en un arma tremenda. Es también lo que le proporciona su capacidad de navegación

—¿Su capacidad de navegación? —pregunté—. ¿Qué quiere usted decir?

Neumann tomó el cayado de mis manos, lo balanceó y lo lanzo al aire. Este voló con facilidad y rapidez hasta el otro lado del campo. No podía creer que hubiera ido tan lejos.

—¡Caramba! —dije—. ¡Es increíble!

—Eso no es nada —contestó él—. ¡Lo tendrías que ver en las manos de un pastor africano! Hoy, por supuesto, usamos rifles para proteger a nuestros rebaños, pero esto lo usan todavía los pastores en algunas partes del mundo. Lo pueden lanzar a lo largo de un terreno llano con gran puntería. En las manos de un pastor diestro, un *iwisi* puede matar.

Me indicó que le acompañara a buscar el cayado para ver exactamente dónde había caído, y me dijo:

—La pasada semana hablamos de la vara y como la usan los pastores expertos para dirigir el rebaño. También hablamos de tu responsabilidad como un pastor de dirigir a tus supervisados en General Technologies.

—Me acuerdo —dije—. Usted habló de usar la persuasión en vez de la coacción y de dar a las personas libertad de movimientos pero asegurándose de que saben bien dónde están los límites. También me dijo que cuando las personas se meten en problemas, es mi responsabilidad ayudarlos a salir de la situación —repetí todo el rollo porque quería que mi maestro supiera que yo recordaba lo que me decía.

—Eso está muy bien —me dijo—. Gracias.

Una vez más fijó la mirada en el cayado y dijo:

—Hoy vamos a hablar de una parte necesaria del liderazgo que no se disfruta tanto.

—Llevar el cayado —le interrumpí.

—Eso es —asintió él— La vara representa tu responsabilidad de dirigir a las personas; el cayado habla de tu responsabilidad de corregirlas. Esta es la parte del liderazgo en que los líderes, especialmente los nuevos, cometen más errores. Si usas el cayado demasiado o incorrectamente, perderás la buena disposición de tu gente. Si lo usas muy poco o nada, perderás su respeto. No puedes ser un pastor que genera lealtad y confianza, Ted, si no usas correctamente el cayado.

Cuando llegamos al lugar donde había aterrizado el *iwisi*, Neumann se inclinó y lo recogió. Lo sostuvo en sus manos entre nosotros y me dijo.

—Tienes que aprender a usarlo y saber cuándo y cómo hacerlo. Manéjalo con sabiduría y equidad, y tu gente te respetará y te amará por hacerlo. Si lo haces de mala manera, se buscarán otro pastor. Vamos a sentarnos y hablar.

Nos sentamos en nuestros improvisados asientos, y Neumann continuó la lección.

—El cayado, al igual que la vara, es una extensión del brazo del pastor. El pastor usa el cayado para tres cosas.[1] Primero, usa el cayado para proteger a sus ovejas de los depredadores.

—¿Qué clase de depredadores? —pregunté.

—Eso depende de la región —respondió Neumann—. Por lo general son animales como los coyotes, perros salvajes, lobos y en ocasiones los pumas.

—¿Habla usted de atacar a un puma con *esto*? —pregunté con marcada incredulidad; noté una vez cuán corto era el cayado—. Me imagino que un pastor tiene que estar bastante cerca del blanco para poder usarlo.

—Esa es una observación perspicaz —dijo Neumann con una sonrisa—. A veces los pastores también llevan consigo hondas y piedras. Sin embargo, si el tiro de la honda no asusta y aleja al animal, el pastor no cuenta con otra arma que su *shebet* para defender a su rebaño. Te puedo garantizar, Ted, que en aquellos tiempos cuando el pastor cortaba su cayado de una raíz de roble enterrada, sabía que estaba preparando un arma que utilizaría como último recurso. Cuando los depredadores bajaban por la ladera de la colina a toda carrera, estimulados por el olor del cordero, lo único que había entre ellos y la comida era el cayado del pastor.

— ¿No era esa una situación peligrosa? —dije—. Quiero decir, para el pastor.

—Sí, y de temor, pero eso es lo que hacen los buenos pastores. Se plantan frente al peligro por amor de sus ovejas. Eso es lo que tú vas a hacer por tu equipo en General Technologies. Si eres un buen pastor, estoy seguro que eso es lo que vas a hacer.

—Aprecio eso que me dice —dije—. ¿Pero qué quiere decir?

—Me refiero a que habrá ocasiones en GT cuando tu rebaño se sentirá amenazado. A veces se sentirán en peligro por las circunstancias. La mayoría de las veces será por causa de un agresor. Créeme en lo que te digo, habrá momentos cuando alguien aparecerá gritando y pidiendo la cabeza de una de tus ovejas. Yo sé que esto te sonará un poco extraño, pero ya verás.

Los ojos de Neumann parecían estar fijos en otro tiempo. Un poco después, continuó:

—Recuerdo una vez, mucho antes de que viniera a la Universidad, que yo era el responsable de un departamento que hacía análisis de riesgos. Evaluábamos los contratos y los acuerdos para ver si presentaban demasiado riesgo para la compañía. El problema estaba en que esos tratos no se originaban en nuestro departamento. Nos los enviaban de otros departamentos de la empresa. De forma que nuestra tarea consistía en decir sí o no a los proyectos favoritos de otras personas. Una vez, cuando un miembro de mi equipo rechazó uno de esos tratos que representaba varios meses de trabajo de un cierto colega —y en buena medida el bono que recibiría por su trabajo— aquella persona montó en cólera.

—¿Qué paso? —pregunté.

—Entró a nuestro departamento muy enojado —dijo Neumann—. Se puso a chillarle como un loco a un miembro de *mi* rebaño. ¡Nunca antes había oído hablar a una persona de esa manera tan insultante! No solo aquella mujer se sintió humillada públicamente, sino que sintió que su puesto estaba en peligro, pues aquel individuo era un superior.

—¿Qué hizo *usted*? —pregunté.

—Mostré a aquella mujer que yo era un pastor digno de su confianza. Me metí en medio. Salté a la sartén sin dudarlo. Un segundo le estaba chillando a ella y al siguiente segundo se dirigía a mí de la misma manera.

—¿Frenó eso a ese hombre? —pregunté.

—No al principio. Siguió chillando, esta vez dirigiéndose a mí. Eso era lo que yo buscada, por supuesto. Yo estaba dispuesto a correr el riego por un miembro de mi equipo. Este hombre se pasó por completo de la raya. Después que se calmó un poco, nos fuimos a mi oficina a hablar, y allí usé mi cayado con él.

—¿Cómo lo hizo?

—Le hice saber con absoluta claridad que si tenía un problema con un miembro de mi equipo que no podía resolver pacíficamente, que tenía que venir a mí. No pasó mucho tiempo sin que se supiera en toda la empresa que si alguien mostraba un comportamiento abusivo con alguien de mi equipo, tendría que habérselas conmigo directamente. Por supuesto, hubo momentos a lo largo de los años, cuando algunas personas tuvieron quejas auténticas y justificadas en contra de miembros de mi equipo. Cuando eso sucedía, yo aceptaba la responsabilidad y luego iba a ver a esa persona y resolvía con ella en privado.

—Sus compañeros de equipo le apreciarían por eso —dije.

—Sí que lo hicieron —agregó Neumann—. Eso les dio una cierta seguridad. Se sintieron menos vulnerables al saber que yo estaba cerca para protegerlos.

—Nunca he tenido la oportunidad de trabajar para alguien así —reconocí con tristeza—. El supervisor para quien trabajé *nunca* se arriesgó por nosotros. Si no cumplíamos con las metas establecidas, nos echaba la culpa a nosotros ante los superiores y luego venía a nosotros y culpaba a los superiores por su falta de liderazgo.

—Eso es terrible —dijo Neumann—. ¡Qué ejemplo más pobre de liderazgo! Nada destruye más el espíritu de equipo que un líder ñoño que trata de jugar con ambos lados. Ted, cuando estés en General Technologies, recuerda que cuando tu gente se siente atacada, necesita saber que tienen un pastor que va a dar la cara y luchar *por ellos*. Hazlo y verás cómo ellos te aman. Lo que es más, si los defiendes, ellos te van a defender a ti cuando alguien ande por ahí pidiendo tu cabeza en una bandeja.

Al empezar yo a visualizar la escena, Neumann cambió la dirección de la conversación.

—Vamos a hablar de otra cosa —dijo—. El cayado tiene otros usos además de proteger al rebaño de los depredadores. Los pastores lo usan a menudo para defender a las ovejas de sí mismas.

—¿De sí mismas? —dije—. ¿Por qué tiene un pastor que proteger a una oveja de sí misma?

—Porque las ovejas a menudo no saben lo que es mejor para su bienestar —respondió—. Como consecuencia, a veces se meten en peligros.

—Eso sí que es ser tonto —dije—. Ya sé que las ovejas no son los animales más inteligentes, pero uno pensaría que saben lo que es mejor para ellas.

Neumann me miró con una sonrisa en sus labios.

—Ted, ¿no has tomando tú alguna vez una decisión que podía haber terminado perjudicándote?

No tuve que pensar mucho en la pregunta.

—¿Se refiere usted a algo así como salir de Phoenix lloviendo a las diez de la noche, manejar durante más de 1.600 kilómetros durante veinte horas seguidas, solo para poder ver a mi novia en Dallas lo antes posible? —pregunté.

—Sí.

—No, yo nunca he hecho eso —dije mintiendo—. Volvamos a las ovejas.

Neumann se rió y dijo:

EL CAYADO DE CORRECCIÓN

—Cuando el pastor se da cuenta de que la oveja está a punto de hacer algo que puede poner en peligro su seguridad, o la del rebaño, usa el cayado como un instrumento de disciplina. Si un pastor levanta la mirada y ve que una oveja anda vagando por su cuenta o está a punto de comer una planta venenosa, por ejemplo, él lanza el cayado hacia el animal que se aleja para atraerlo de nuevo al rebaño o evitar que se coma la planta venenosa.[2]

—Me parece que usted mencionó la pasada semana que el pastor usa la vara para rescatar a las ovejas perdidas —dije, pensando en cómo un golpe con el cayado podría hacer el trabajo.

—Tienes razón, lo dije —afirmó Neumann—. En principio, un buen pastor hace todo lo mejor que puede para evitar que la oveja se meta en dificultades; pero si la oveja se aleja demasiado del rebaño, el pastor no la puede alcanzar con la vara. Si la oveja está todavía dentro del alcance de la vista del pastor, lo mejor que puede hacer es lanzar su cayado y enviarle así un mensaje de que regrese a la seguridad del rebaño.

Asentí con la cabeza y Neumann continuó:

—Hay otra razón por la que el pastor a veces usa el cayado en vez de la vara —dijo—. Eso lo entenderás mucho mejor cuando llegues a General Technologies.

—¿Y qué es eso? —pregunté.

—Algunos animales requieren que el pastor les hable con una voz más fuerte. Las ovejas pueden ser criaturas obstinadas y rebeldes. De vez en cuando vas a encontrar a un miembro muy obstinado de tu equipo que va a necesitar un poco más de persuasión que las otras ovejas del rebaño.

»Al final, sin embargo, en realidad no importa si la oveja es rebelde o bien intencionada. A lo largo de tu carrera gerencial, Ted, habrá momentos cuando verás que un miembro de tu rebaño se ha alejado mucho más allá de la zona de seguridad. Tu posición ventajosa como pastor te permitirá mirar a lo lejos y ver el peligro que ella no puede ver. Sabrás instintivamente que si continua en esa dirección se va a meter de cabeza en problemas. Cuando eso sucede, un toque suave de la vara no será suficiente; ha llegado el momento de levantarse y usar el cayado.

—Eso puede ser doloroso —dije.

—Pero es mucho mejor para la oveja sufrir un dolor momentáneo que arriesgar su bienestar —respondió Neumann.

—Yo no digo para la oveja, sino para mí —dije.

—Eres un bromista —dijo Neumann.

—No trato de ser chistoso —expliqué—. No puedo imaginar nada más incómodo que tener que disciplinar a alguien.

—Me parece —dijo él— que en parte te sientes incómodo con la idea porque no la entiendes completamente. Hay muchas ideas equivocadas por ahí acerca del propósito de la disciplina. No se trata de cantarle a alguien las cuarenta ni de matar a palos a la oveja. No tiene que ver con darle una última oportunidad ni ponerle las esposas.

—¿De qué se trata entonces? —pregunté.

—Es una manera de corregir. Es sentarse en privado con la persona y decirle: «Oye, hay allí un barranco y no quiero que te dañes». ¿Ves? Se disciplina a las personas, no para dañarlas, sino para evitar que se dañen.

EL CAYADO DE CORRECCIÓN

—Entiendo —dije—. Pero para ser sincero, me han sentado en la silla disciplinaria una o dos veces y de veras me pareció bastante doloroso.

—La clave —explicó Neumann— está en corregir a la persona sin alienarla, y *eso* depende de cómo diriges tú la conversación.

—Bien, ¿cómo hay que hacerlo?

—Enfocas la conversación como una oportunidad de enseñanza —respondió Neumann—. En realidad, la palabra disciplina viene del latín *discipulus*…

¡Eso sí que está bueno, pensé, estoy a una semana de mis exámenes finales y este hombre me saca ahora el latín!

—De ahí que nosotros sacamos la palabra «discípulo». ¿Ves? Disciplina no tiene que ver con aplicar castigo ni con determinar culpabilidad; sino con instrucción. Habla de instruir a tu gente en el camino que debieran ir y ayudarles a ver lo que hay en la dirección que ahora están siguiendo. Eso es muy diferente que llamar a alguien para decirle en su cara que metió la pata. En el último análisis, cuando el pastor arroja el cayado a una oveja que se desvía, está mostrando que se interesa por ella.

—Explicado así, veo bien lo que quiere decir —dije—, ¿pero qué pasa si la persona a la que disciplina no lo acepta?

Neumann me miró y me dijo sonriendo:

—Ellos lo aceptarán, Ted, si te han aceptado a ti.

Pensé en este último comentario por unos segundos y dije en voz alta, más para mí mismo que para el doctor Neumann:

—Confío que lo hagan.

—Si has sido un pastor para con ellos, te aceptarán. Si usas el cayado para *protegerlos*, te garantizo que se sentirán inclinados a escucharte y respetarte cuando lo uses *correctamente* con ellos.

—¿Dice usted que no les va a doler mucho? —pregunté.

—No estoy diciendo que tu disciplina no les va a doler —dijo Neumann—. Reconozcamos que a nadie le gusta que le digan que no sabe adónde va. Lo que estoy diciendo, sin embargo, es que cuando el mensaje viene de parte de alguien que está sinceramente interesado en nuestro bien, es mucho más probable que recibamos la disciplina como de un amigo de confianza. Pero tú tienes que mostrarles primero que *eres digno* de su confianza.

Neumann pausó un momento para que la idea se filtrara en mí, luego continuó:

—Vamos —dijo—, regresemos, y te enseñaré el tercer uso del cayado.

Mientas caminábamos juntos al estacionamiento, Neumann se preparó para cumplir su promesa.

—Lo que hemos dicho hasta ahora es: Primero, el cayado representa tu responsabilidad de *proteger*. Segundo, representa tu responsabilidad de *corregir*. Tercero, representa tu responsabilidad de *inspectar*.

—La pasada semana, Ted, cuando hablamos acerca de la vara y de las responsabilidades que representaba, te dije que el primer deber del pastor era sacar al rebaño del redil y llevarlo a un buen lugar de pasto. ¿Recuerdas?

—Sí —contesté.

—Bien, al final del día, la responsabilidad del pastor es buscar un alojamiento seguro para pasar la noche. Esto puede ser una cueva o un corral que el pastor ha construido. El pastor, entonces, se pone a la entrada del lugar y cuenta las ovejas según van pasando.

—Déjeme decir el resto —dije—: El pastor cuenta las ovejas con el cayado.

—Exacto —dijo Neumann—. En tiempos antiguos a eso se le llamaba «pasar bajo el cayado». No solo las contaba para estar seguro de que estaban todas, sino que a menudo usaba el cayado para apartar la lana y examinarla más de cerca. Porque cuanto más larga y espesa es la lana de la oveja más difícil resulta detectar los problemas de salud que pueden estar quedando ocultos. Porque la abundancia de lana puede esconder muchas cosas.

—Ya entiendo —dije.

—Si vas a pastorear a tu gente en General Technologies, tendrás que verificar con regularidad su progreso. Vas a tener que separar los vellones de lana, por así decirlo, y examinar con detenimiento lo que están haciendo. Ya te he dicho que una oveja enferma o lisiada hará todo lo que está a su alcance para evitar que un depredador la vea y la aísle.

—Exacto.

—Eso también funciona con las personas —dijo Neumann—. Te puedo hablar de las numerosas veces que he visto a un grupo de personas sentadas alrededor de una mesa de conferencias para recibir orientación sobre cómo hacer algo. Están allí y asienten con sus cabezas para indicar que lo han entendido. Lo siguiente que ves es que van de unos a otros en privado tratando de enterarse de lo que les han explicado. Con sus cabezas afirmaron saberlo, pero ninguno tuvo la sinceridad o el valor de decir que no habían entendido.

Es tu deber interesarte regularmente en el progreso de tus supervisados, porque *es tu* responsabilidad desarrollarlos profesionalmente.

—¿Tiene usted algunas sugerencias de cómo se puede hacer eso? —pregunté.

—Pienso que eso es algo que vas a ir aprendiendo al estar con ellos y supervisarlos —me respondió—. No es muy difícil si le dedicas tiempo y atención. Periódicamente llámalos y pregúntales cómo les va en lo que están haciendo. Pregúntales si hay algo en lo que necesitan aclaración o explicación. Te puedes pasar el día diciendo: «Si tienen problemas, vengan y consúltenme», pero es muy probable que los miembros de tu equipo que necesitan más ayuda sean los que menos acudan a buscarla. Son como la oveja lisiada que hace todo lo que puede para esconderse en el rebaño. No olvides, Ted, es *tu tarea*, no la suya, examinar la lana para verificar que todo está bien.

Dediqué unos segundos a que estas palabras se filtraran bien en mi mente, luego él continuó:

—Hay algo más en cuanto a esto —dijo.

—A ver —dije.

—Si un empleado nunca indica que necesita ayuda cuando le preguntas acerca de su progreso, significa que o bien no confía en ti lo suficiente para ser sincero o que tú no le has exhortado a crecer todo lo suficiente. Si es esto último, tienes que procurar poner delante de él proyectos que le ayuden a desarrollarse. Los empleados que no están creciendo progresivamente en sus capacidades es que tienen un pastor que no los ayuda a crecer. Necesitas usar el cayado para asegurarte de que eso no está pasando.

EL CAYADO DE CORRECCIÓN

—Usted ha dicho, «si es esto último» —contesté— ¿Y si es lo primero?

Neumann puso su brazo sobre mis hombros mientras caminábamos para salir del campo de deportes.

—Si tú llevas a cabo lo que hemos estado hablando en las últimas semanas —declaró—, no tienes que preocuparte de si tu gente confía o no en ti o no te siga. Volvamos ahora a la escuela, pues tengo que preparar para vosotros un último examen.

—*Eso* si que es doloroso.

—Sí, puede serlo —dijo Neumann sonriendo—. Pero esa es la manera que tenemos para examinar la lana de los alumnos y ver su progreso.

—¡Pues gracias! —dije—. ¿Tiene alguna sugerencia sobre cómo prepararme para el examen?

Lo dije con la esperanza de sacar alguna pista que me ayudara.

—Sí —respondió Neumann—. Necesitas estudiar todo lo que hemos estado hablando desde el primer día de clase hasta el último.

—¡Qué bueno! ¡Gracias por la aclaración! —dije—. Lo aprecio mucho.

—Con mucho gusto. ¿Qué planes tienes para el próximo sábado por la noche?

—¿Después de los exámenes finales? No tengo ningún plan. Quizá caer rendido en la cama.

—Bien, no queremos que te pase eso, pero a mi esposa y a mí nos gustaría que nos acompañaras a cenar en casa a eso de las cinco de la tarde.

Acepté el plan sonriendo y asintiendo con la cabeza. La idea me pareció excelente.

Aquella noche antes de empezar a estudiar, revisé mis apuntes sobre las maneras de un pastor. El cuaderno de notas ya empezaba a estar lleno. Añadí las notas de lo que había aprendido con el doctor Neumann en ese día.

A LA MANERA DE UN PASTOR
6. El cayado de corrección
- *Proteja*: Esté dispuesto a levantarse y luchar por sus ovejas.
- *Corrija*: Enfoque la disciplina como una oportunidad para enseñar.
- *Inspeccione*: Pregunte regularmente acerca del progreso de su gente.

CAPÍTULO 7

EL CORAZÓN

DEL PASTOR

Aquella tarde el sol ya había empezado a esconderse para la hora de la cena. No podía estar más cansado ni contento. Cansado porque acababa de pasar por los exámenes finales, y contento porque los había terminado. Después de dos años de estudio y trabajo diligentes, de miles de dólares invertidos, numerosas conferencias e incontables horas sin dormir que dediqué a escribir trabajos escritos, resolver problemas y prepararme para los exámenes, mis esfuerzos para alcanzar el grado de maestría en Administración de Empresas había llegado a su fin. Faltaban solo dos días para la graduación. ¡Lo había logrado!

Lo que me sorprendía era el toque de melancolía que sentía. Nunca mis condiscípulos y yo nos volveríamos a reunir en la forma que lo habíamos hecho en los dos últimos años. Se dice que la guerra une a las personas de una forma especial. Supongo que es cierto. Mis compañeros de estudios habían llegado de muchas partes del mundo, de cada estrato de la sociedad y, no obstante, se había desarrollado un vínculo muy fuerte entre nosotros. Habíamos sobrevivido a un programa muy exigente. Y lo más importante era que lo habíamos hecho juntos.

Mi sentido de realización y de pérdida en cuanto a la vida que había vivido en los dos últimos años quedó compensado parcialmente por el honor que me dispensaron el doctor Jack Neumann y su esposa al invitarme a cenar. Cada estudiante sabe que mucha de la intimidad que siente con sus profesores en la relación diaria de la clase es superficial. La interacción es auténtica, pero está limitada al medio académico. Los profesores universitarios son figuras públicas que viven vidas privadas. Ser invitado al hogar de uno de ellos es entrar, por tanto, en su más íntima privacidad. Lo consideré un gran privilegio poder entrar en el hogar de los Neumann, porque no había otra persona a quien admirara y respetara más.

Disfrutamos de una cena espléndida aquella noche en la terraza. Después el doctor Neumann y yo nos tomamos nuestro buen café y conversamos acerca de lo que había sido y lo que estaba por venir.

—Felicitaciones por tus logros —me dijo el doctor Neumann—. Has hecho un buen trabajo. Estoy muy orgulloso de ti.

—Gracias —respondí—. Hay muchas cosas por las que estoy orgulloso esta noche. Estoy orgulloso de haber sido admitido en uno de los programas universitarios de administración empresarial más prestigiosos del país. Estoy orgulloso de haber tenido tantos buenos condiscípulos y de haber terminado en un lugar de honor. Pero creo que unas de las cosas de las que estoy más orgulloso es haber tenido oportunidad de estudiar con usted.

—Gracias, Ted —dijo—. Eres sumamente amable al decir eso. Me alegro de haberte tenido en las clases.

—Y otra cosa —dije—, es que me alegro mucho de haber tenido la sabiduría de aceptar su oferta y darle mis sábados.

Nos quedamos sentados unos momentos en silencio, disfrutando de esa clase de satisfacción que viene solo cuando un profesor y un estudiante han completado juntos la tarea.

—Es asombroso —dije al fin.

—¿Qué es asombroso? —preguntó Neumann.

—Que todo haya terminado. Me cuesta creerlo. Parece como si fuera solo ayer cuando me senté en la clase por primera vez, y me pregunté por qué me había metido allí y cuestionaba mi capacidad de salir adelante. Ahora todo ha terminado —dije mirando al suelo.

Neumann se levantó y puso la taza sobre la mesa.

—Bien, señor McBride —dijo—, usted podrá haber terminado sus estudios en cuanto a la maestría, pero no ha acabado todavía con *mi* programa. No todavía. Aun le queda una lección más que aprender.

—Está usted bromeando, ¿verdad? —dije con la cara más inexpresiva que pude componer.

—No, no estoy bromeando —me respondió—. Además, esto se estaba poniendo demasiado empalagoso. Así que levántate y vayamos a darnos un paseo.

La casa de la hacienda de los Neumann se asentaba sobre la cima de una pequeña colina que dominaba su tierra y el valioso rebaño de ovejas que cuidaba en la parte inferior de la ladera. Las ovejas estaban comiendo tranquilamente un pasto verde y nutritivo al lado de un estanque lleno de agua. Aquello formaba un bello trasfondo para un paseo y la conversación más importante

103

que todavía teníamos que tener sobre la manera en que actúa un pastor.

—Ted —dijo Neumann—, he disfrutado hablándote de lo que he aprendido acerca de liderazgo, pero hay algo de lo que todavía no hemos hablado.

—¿De qué se trata? —pregunté.

—Del costo. Esta forma de liderazgo viene con una etiqueta marcada con un precio elevado para el líder.

—¿Qué tipo de precio? —pregunté.

—Tu tiempo, tu consagración, tu energía y dedicación personal. Te costará tu propia vida, Ted. No estás aprendiendo una serie de técnicas de administración y liderazgo, sino una perspectiva. Más que ninguna otra cosa, la manera en que actúa un pastor es un estilo de liderazgo que reconoce el gran valor del rebaño. Si tú quieres ser esa clase de líder, Ted, si vas a ser el pastor de tu gente en General Technologies, tienes que saber que tendrás que pagar un gran precio. Te costará sacar a tu gente de los problemas en que se meten cuando se desvían. Te costará emocionalmente arrojar el cayado y a veces causarles dolor. Tendrás que hacer cosas que quizá no quieras hacer en ese momento.

Neumann movió la cabeza antes de hacer hincapié en su siguiente punto.

—El liderazgo de calidad es un trabajo muy duro —continuó—. Sobre todo, es interminable. Los que lo llevan a cabo y lo hacen bien es porque están dispuestos a pagar el precio. Necesitas saber lo que va a costar.

—Entiendo —dije.

—Confío que así sea —respondió—. Porque si no estás dispuesto a pagar el precio, tu gente terminarán pagándolo.

—¿Qué quiere decir? —pregunté.

Después de pensar por un momento, Neumann dijo:

—¿Te acuerdas de aquel rebaño en tan mal estado que vimos hace unas semanas?

—Sí —dije.

—Aquellas ovejas no tenían un pastor que estuviera dispuesto a pagar el precio para ser lo que debía ser. De manera que las ovejas terminaron pagando por su mediocre liderazgo. De eso es de lo que estoy hablando. *Alguien* tiene que pagar; todo es cuestión de saber quién va a pagar. Lo importante es que no es la oveja la que decide. Esa decisión la toma el que está cuidando del rebaño. Así que cada día que vayas a General Technologies, *tú tienes* que decidir quién va a pagar por tu liderazgo ese día: tú o tu gente.

Neumann me miró directamente a los ojos y me preguntó:

—Ted, ¿sabes por qué aquel hombre no estaba dispuesto a pagar el precio?

—Evidentemente pensaba que el precio era muy elevado —respondí.

—Sí y no —contestó Neumann—. ¿Te acuerdas de la microeconomía? El valor que tú estás dispuesto a pagar está relacionado con el valor que le atribuyes a algo. Ese hombre rehusó pagar el precio, no porque pensaba que era muy alto, sino porque el valor que les daba a sus ovejas era demasiado bajo. Los pastores dicen que una persona así es un asalariado.

—¿Un asalariado? —repetí—. ¿Qué es eso?

—Un asalariado es una persona que cuida de las ovejas solo porque es un trabajo —me explicó—. Las ovejas no significan otra cosa que una oportunidad de recibir un salario. Si quieres conocer la diferencia que hay entre ese hombre y yo, y por qué estoy dispuesto a pagar un precio que él no está dispuesto a pagar, es esta. Él cuida de las ovejas por el dinero. Yo lo hago porque amo a las ovejas, y esa es la gran diferencia.

Los dos nos quedamos en silencio pensando en la profunda verdad de esta declaración. Luego Neumann habló de nuevo.

—Durante las pasadas semanas —dijo—, hemos hablado bastante acerca de lo que significa pastorear un grupo de personas. Ted, lo que quiero que sepas es esto: Lo que hace que un pastor sea un pastor no es la vara ni el cayado, sino el corazón. Lo que distingue a un gran líder de uno que es mediocre es que el gran líder tiene el corazón dedicado a servir a su pueblo.

—No estoy en desacuerdo con eso —dije—. ¿Pero qué significa?

—La manera en que ves a tu gente va a determinar la manera en que los vas a dirigir —respondió Neumann—. Si no tienes corazón para con tu pueblo, los verás a ellos de una forma muy diferente del que sí lo tiene. Los verás como gastos e interrupciones, y nunca te invertirás a ti mismo en ellos como un pastor lo haría. Hablarás sobre ello muy bien e incluso lo practicarás un poco por un tiempo, pero no tendrás el impulso necesario para llevar a cabo todo lo que hemos hablado en estas últimas semanas. Harás lo que el asalariado hizo. Al fin terminarás considerando que el costo es demasiado alto, te enfocarás solo en el trabajo y dejarás que las personas se las apañen como puedan.

Ya habíamos llegado al redil. Las ovejas no nos prestaron mucha atención cuando abrimos la puerta para entrar; estaban muy ocupadas comiendo. Neumann me dio en el brazo con su codo, y me dijo:

—¡Observa esto!

Hizo un sonido gutural para llamar a las ovejas. Y como si fuera magia, éstas empezaron a acudir de todos los rincones del redil. Él se inclinó y empezó a acariciarlas y palmearlas. Tocaba sus orejas, las palmeaba en la cabeza y les rascaba el costado. Me asombró (aunque a estas alturas no me sorprendió) que las conociera por nombre.

—¡Hola, Pata Negra! —llamó a una—. ¡Hola, Orejas Marrón!

Durante las últimas semanas había llegado a entender la relación especial que Neumann tenía con aquellos animales. Al recordar mi primer sábado allí, me sentí mal por haber llamado «ovejas malolientes» al rebaño de Neumann. También me di cuenta que ese día había visto a las ovejas como una interrupción en mi capacitación y en mi tiempo. Yo sabía, por supuesto, que las ovejas no son personas. Pero también sabía que era parte de mi personalidad el enfocarme tanto en la tarea que tenía entre manos que podía ver fácilmente a los empleados como una interrupción. Y eso me preocupó.

Observé al doctor Neumann interactuar con su rebaño. Obviamente disfrutaban estando juntos. De una cosa tuve absoluta seguridad: Jack Neumann no era un asalariado. ¡Él amaba a esos animales!

Levantó la cabeza para mirarme y me preguntó:

—¿Qué te parece?

—Es admirable —contesté—. ¿Cómo hace usted eso?

Neumann se levantó y dijo:

—Emites el sonido de llamarlas de forma gutural, desde el fondo de la boca. Como esto…

Una vez más inclinó un poco su cabeza y emitió un sonido gutural: «Tahhoo».[2]

—No parece muy difícil —dije.

—¿Por qué no pruebas? —sugirió Neumann.

—No, yo no podría hacer eso —contesté—. No me saldría bien.

—No digas eso —me pidió Neumann—. Cada pastor tiene su manera de hacerlo. Este es al que responden mis ovejas. Inténtalo. Tú puedes hacerlo..

—Está bien, lo haré —dije—. Pero no se ría.

—No, no lo haré, Ted. Empieza.

Di un par de pasos hacia atrás, incliné mi cabeza y traté de reproducir lo mejor que pude el sonido de Neumann.

—¡*Tahhoo!*

Neumann sonrió y se acercó.

—Lo hiciste bastante bien. Casi lo lograste. ¿No te gustaría llamar a las ovejas?

—Sí que me gustaría —contesté.

—Está bien, vete hasta el otro lado del redil, ponte de espaldas a la cerca, y llámalas. Hazlo de forma clara y fuerte para que todas las ovejas te puedan oír.

—Está bien. Allá voy.

Ahora ya me sentía un poquito más seguro, pero, no obstante, mientras me acercaba al otro lado de la cerca iba practicando por lo bajito el grito. Todavía me sentía inseguro, pero no quería fallar delante de mi maestro.

—Ya estoy listo —dije cuando llegue al sitio.

—Adelante, Ted.

—¡*Tahhoo!* —grité con convicción.

Las ovejas no se movieron.

—No te desanimes, Ted —me gritó Neumann—. Hazlo otra vez.

—Está bien —dije—. ¡*Tahhoo!*

Las ovejas siguieron ignorándome.

—Estas progresando, Ted —dijo Neumann, y se encaminó hacia mí para animarme—. No arrojes la toalla. Esta vez hazlo con un sonido más profundo.

Asentí con la cabeza y dije:

—¡*Tahhoooo!*

Esta vez un par de ovejas levantaron la cabeza y miraron en mi dirección.

Cuando estaba a medio camino hacia mí, Neumann dijo:

—Eso es, Ted. Ahora hazlo un poco más fuerte.

Tomé aliento y grité:

—¡*Tahhooooo!*

Esta vez varias ovejas levantaron la cabeza y la volvieron en mi dirección. Neumann estaba a mi lado y me dijo:

—Ya casi lo has conseguido. Hazlo una vez más por favor.

—Ahí vamos —contesté. Respiré profundamente.

— ¡*Taaaahhhhhooooooo!*

109

Prácticamente todas las ovejas en el redil se volvieron y me miraron. Luego, parpadeando unas pocas veces, volvieron a agachar sus cabezas para seguir comiendo el pasto tan sabroso.

—¡No vienen, no reconocen mi voz! —dije, desanimado.

—No —dijo Neumann—, pero estoy seguro que han notado que eres muy divertido. No hay duda en cuanto a eso.

Tenía lágrimas en sus ojos de la risa que le estaba dando.

—Doctor Neumann, si yo tuviera un cayado en mi mano en este momento, tenga la seguridad que lo usaría con usted —dije, esforzándome por no echarme a reír yo también.

Neumann se enjugó las lágrimas.

—Estoy seguro de que voy a echar de menos nuestros sábados juntos —agregó riéndose socarronamente.

—Bueno, me alegra que yo pueda serle de diversión —respondí.

—¡Uf! —dijo, tratando de normalizarse—. No debiera hacer esto después de una cena tan abundante. Me duele el estómago.

—Todavía no lo entiendo —dijo—. ¿Por qué no vinieron? Las llamé tan bien como usted lo hace.

Neumann sonrió de oreja a oreja.

—Hiciste la llamada mejor de lo que yo lo hago —dijo él—. Creo que eres el que mejor llama a las ovejas de todos los pastores que conozco.

—Vamos, deje ya la broma —dije—. Le hablo en serio. ¿Por qué no acudieron a mi llamada en la manera en que lo hacen con usted?

—Está bien —contestó él—. A pesar de lo tontas que a veces pueden ser las ovejas, Ted, son cuidadosas acerca de a quién le responden. Es un hecho reconocido que las ovejas no suelen seguir la voz del extraño.[3]

—¿Y por qué es eso? —pregunté.

—Porque no saben si el extraño es alguien en quien pueden confiar. Ted, tú puedes ser el mejor pastor del mundo, pero si no te reconocen como *su pastor, eres un extraño para ellas.*

»Hay aquí un principio importante. La prueba suprema del liderazgo no es darle dirección al rebaño. La prueba suprema es esta: ¿Puedes hacer que tu rebaño vaya a donde tú quieres que vaya? Ted, si tu gente en GT no te ven como su pastor, les va a resultar difícil investirte con la confianza que ellos necesitan para seguirte de verdad. Estas ovejas acudieron cuando yo las llamé, y no cuando lo hiciste tú, es porque saben que pueden confiar en mí como pastor.

—Ahora lo entiendo —dije—. Al ser un buen pastor para mi gente, les muestro a ellos que soy digno de que me sigan.

—Exacto. Tal como lo hablamos en la clase. La calidad del rendimiento que se obtiene está basada en la calidad de la inversión. Si quieres que tu gente te dé lealtad y confianza, tienes primero que invertir lealtad y confianza en ellos. Por eso se le llama rendimiento. Si le das a tu gente un liderazgo poco entusiasta, te seguirán con desgana. Pero si te inviertes a ti mismo en ellos, si tú corazón está dedicado a ellos, tu gente te devolverá la inversión con un seguimiento entusiasta.

Neumann paró para reflexionar un momento y luego continuó:

—Si hay algún secreto en mi éxito es ese, Ted. Yo decidí hace más de treinta años que nunca sería un asalariado ni un extraño.

Yo sería para las ovejas un pastor. Hace varias semanas me pediste que te enseñara lo que yo sabía en cuanto a dirigir personas. Te he enseñado lo que he aprendido y lo que sé por experiencia. Ahora es tu oportunidad de decidir la clase de líder que quieres ser.

—Doctor Neumann —declaré—, voy a ser un pastor.

Neumann sonrió y dijo:

—Ya lo sé. Estoy seguro de ello.

—No voy a ser ni un asalariado ni un extraño —insistí.

—No, Ted. Estoy seguro que no lo vas a ser.

—Gracias —dije—. Doctor Neumann…

—¿Sí?

— ¿Cómo sabe usted que yo no lo voy a ser? —pregunté.

—¿Recuerdas cuando estabas en mi oficina y me preguntabas si te podía enseñar a supervisar personas?

—Sí, claro —dije.

—¿Qué te respondí? —me preguntó Neumann.

—Usted dijo que me tendría que olvidar de mis sábados hasta la graduación.

—Correcto. En parte te lo dije por cuestión práctica. Había estado tan ocupado que aquel era el único tiempo libre que tenía. Pero lo que no sabías, Ted, es que te estaba probando. Quería saber si estabas dispuesto a olvidarte de ese poquito de tiempo libre que tenías. Si estabas dispuesto a pagar el precio para *aprender* la manera de un pastor, yo sabía que estaría dispuesto a pagar el precio de poner en practicar la manera de un pastor.

Fue entonces cuando me di cuenta de cuánto había invertido Jack Neumann en mí. Él había hecho mucho más que enseñarme la manera de un pastor. Lo había modelado personalmente para mí. Yo sentía que tenía para con aquel hombre una gran deuda de gratitud. Un hombre a quien admiraba y respetaba creía en *mí*. Yo quería tener éxito en General Technologies por una variedad de razones, pero ahora se añadía una más a la lista: Quería conseguir que Jack Neumann se sintiera orgulloso de mí.

—No sé cómo agradecerle todo lo que ha hecho por mí —dije.

—No necesitas darme las gracias. He disfrutado mucho de cada minuto que hemos pasado juntos, especialmente tu grito de llamada a las ovejas —me dijo poniendo su mano sobre mi hombro—. Ted, lo que puedes hacer es darme un buen rendimiento por mi inversión. Pon en práctica lo que has aprendido y pásalo a otros a lo largo del camino.

—Lo haré —dije—. Se lo prometo.

EL FINAL DE

LA ENTREVISTA

11 de julio de 2002

—Han pasado cuarenta y cinco años desde aquel momento, señor Pentak —declaró Theodore McBride, volviéndose hacia mí desde su ventana en el piso cuarenta—, y desde entonces he tratado de vivir a la altura de aquella promesa. El primer día que vine aquí tomé la decisión de invertirme a mí mismo en mi gente. La imagen de aquel rebaño descuidado que contemplé junto con Jack Neumann ha permanecido bien viva en mi memoria. Decidí que no dejaría que eso ocurriera bajo mi supervisión. Y con todo lo extraño que pueda parecer, hice exactamente lo que Jack me enseñó en aquellas colinas de Texas. A lo largo de estos años, con muy pocas excepciones, mi gente ha respondido exactamente como él dijo que lo harían.

—Yo diría que los resultados hablan por sí mismos —dije.

—Pues bien —me respondió—, hemos podido reclutar a los mejores del mundo para que vengan a trabajar con nosotros. Lo que es más, nuestro rebaño no ha caído con el síndrome de que la hierba es más verde al otro lado de la cerca. La lista de personas con ganas de entrar en General Technologies es siempre mucho más larga que la lista de los que quieren marcharse. Nuestros empleados *quieren* trabajar aquí. Como resultado, GT tiene uno de los índices más elevados de retención del personal de todas las empresas de la lista Fortune 50 en los Estados Unidos.

—Eso parece que es muy importante para usted —dije al tiempo que tomaba notas.

—Claro que sí —respondió McBride—. Y eso ilustra cómo Neumann iba muy por delante de su tiempo. En 1957 vivíamos en una economía de manufacturación. El mercado tenía que ver con líneas de montaje y estandarización. En ese tiempo las personas no estaban preocupadas con asuntos de calidad de vida. Pero hoy vivimos en una economía de servicios y en la era de la información. Todo tiene que ver con procesos y adaptación. Como resultado, muchos de los bienes de una compañía son de naturaleza intelectual.

—Perdóneme, ¿qué significa eso? —pregunté.

—Quiere decir que la ventaja competitiva de una compañía depende de las capacidades y conocimientos de sus empleados.

—En otras palabras, de sus conocimientos técnicos —sugerí.

—Sí —contestó McBride—. Y puesto que las personas hoy *están* interesadas en cuestiones de calidad de vida, escogen bien en qué prados van a comer. De manera que una clave para mantener su ventaja competitiva es retener el talento que los empleados representan.

—Creo que voy entendiendo la idea —dije—. «General Technologies: Nuestro personal es nuestra mayor ventaja».

McBride me sonrió

—Estoy empezando a creer que tomé una decisión sabia al escogerle a usted para la entrevista —me dijo.

—Gracias —contesté, y me sentí un poco más alto en mi silla—. Aprecio su elogio. Pero hay una cosa que no estoy seguro de haber entendido.

—¿A qué se refiere, Bill? —preguntó McBride.

—Usted dijo que Neumann iba por delante de su tiempo.

—Sí, es cierto.

—Pero aun él le enseñó que los pastores han estado guiando rebaños a través de miles de años.

—Ya entiendo su confusión —dijo McBride—. Lo que quiere saber es cómo algo tan antiguo como el método del pastor puede estar todavía dando buenos resultados hoy.

—Sí —dije— ¿Y por qué no tenemos más líderes-pastores en el día de hoy?

—Los principios de la Manera de un Pastor todavía dan resultado hoy después de miles de años porque las necesidades básicas del ser humano han permanecido esencialmente iguales —me explicó—. Y en cuanto a por qué no tenemos hoy más líderes-pastores para dirigir, Jack mismo respondió la pregunta. El liderazgo de calidad viene con un gran precio que pocos están dispuestos a pagar.

—¿Qué sucedió al final con el doctor Neumann? —pregunté.

—Falleció hace años —dijo McBride—. Hace años que partió, pero no está olvidado.

McBride se acercó desde la ventana a la pared opuesta a su escritorio. Me volví y vi que estaba parado al lado de unos bastones sujetos a la pared. Uno era largo; el otro, corto. Pasó su mano a lo largo del bastón largo que terminaba en curva en uno de sus extremos.

—Me los dejó en su testamento —me dijo—. Le echo mucho de menos. Fui bendecido con los muchos reconocimientos y galardones que adornan estas paredes —más de los que una persona *debiera* tener—, pero ninguno significa para mí más que estos dos. Jack Neumann dejó su marca en mí. Mucho de mi éxito se lo debo a él, por haberme enseñado los más grandes secretos del liderazgo y administración empresarial del mundo. Me enseñó a inspirar lealtad y dedicación en mi gente. Me enseñó a saber dirigir a las personas de manera que quieran seguirme. No pasa una semana en la que no me vea pensando en él.

Regresó lentamente a su escritorio y continuó:

—Pienso que él estaría muy orgulloso de lo que hemos hecho hoy aquí. Al menos, pienso que sentiría que está recibiendo un buen rendimiento de la inversión que hizo en mí.

—¿Qué más podría hacer usted? —dije.

—Puedo darlo a conocer —dijo, sentándose en su sillón—. Puedo enseñar a otros jóvenes estudiantes lo que me enseñó.

—Esa es la razón por la que accedió a esta entrevista —dije—. Usted quiere darlo a conocer.

—Exacto —dijo McBride riendo suavemente—. Esa es también la razón por la que mi compañía va a enviar mañana una nota a los medios de comunicación anunciando mi jubilación, pendiente del nombramiento de mi sucesor.

Me senté muy erguido en mi asiento por un momento, luego pase a otra hoja en mi cuaderno de notas.

—¿Me puede decir quién vendrá a sustituirle a usted? —pregunté un poco nervioso.

—Eso es tema para otra entrevista, en otro día —me respondió McBride sagazmente—. Le puedo decir que mi sucesor no será un asalariado ni un extraño. No voy a poner mi rebaño sino en manos del mejor pastor que yo conozca.

—¿Qué piensa que sucederá aquí una vez que usted salga de la compañía? —le pregunté— ¿Le preocupa que GT pueda de alguna forma desviarse?

—No, en lo absoluto. Ya le he dicho que aquí trabajan los mejores y más inteligentes. También pasé cuarenta y cinco años hablándole a la familia de General Technologies de lo que tratamos de lograr. Estas personas no van a permitir que se baje el nivel de calidad. Están muy comprometidas con la forma de GT.

—¿Quiere usted decir la manera de un pastor? —pregunté.

McBride sonrió y dijo:

—Sí, la manera de un pastor.

En ese momento se escuchó la voz de Cristina Nickel a través del interfono.

—Señor McBride, faltan solo diez minutos para su conferencia telefónica con el decano —dijo.

—Gracias, Cristina. Muchas gracias por haber venido hoy —dijo dirigiéndose a mí y extendiendo su mano por sobre el escritorio—. Aprecio el tiempo que me ha dedicado y espero leer pronto lo que usted va a escribir.

—Gracias a usted —dije estrechándole la mano—. Agradezco que me haya dado esta oportunidad. Lo haré todo lo mejor que pueda.

—Yo sé que sí —dijo McBride—. Hasta la vista.

Cuando me levantaba de mi asiento, Cristina Nickel ya estaba abriendo la puerta para acompañarme hasta el ascensor. Tan pronto salimos de la oficina de McBride sonó el teléfono de Cristina. Mientras ella corría para responder a la llamada, aproveché la oportunidad para echarle otra miraba a través de la puerta entreabierta al extraordinario Theodore McBride. Estaba sentado detrás de su inmenso escritorio, mirando al otro lado del cuarto, y cuarenta y cinco años de su vida, a la vara y el cayado sujetos a la pared. «Gracias, Jack», dijo en un susurro, «no lo hubiera podido lograr sin ti».

Por unos momentos muy largos McBride permaneció allí sentado solo, con su memoria sumergida en los recuerdos de otro tiempo y lugar. Después de un poco, una amplia sonrisa iluminó su rostro mientras echaba mano del tirador del último cajón izquierdo de su amplio escritorio. Metió la mano y sacó un viejo cuaderno de notas que puso sobre el escritorio. Abrió la cubierta del cuaderno de notas por la primera página. Allí, escrito sobre una página amarillenta y con una tinta que iba perdiendo su color, estaban las palabras: «A la manera de un pastor».

LOS PRINCIPIOS DE

A LA MANERA DE UN PASTOR

1. Conozca la condición de su rebaño
   - Esté al tanto de la situación de las personas bajo usted tanto como de la situación del trabajo.
   - Conozca a sus ovejas, una a una, individualmente.
   - Relaciónese con las personas de una manera regular.
   - Mantenga sus ojos y oídos abiertos, pregunte y haga un seguimiento.

2. Descubra el estado de sus ovejas
   - Su elección de ovejas puede hacer que el manejo del rebajo sea más fácil o resulte más difícil.
   - Empiece con ovejas sanas, o va a heredar los problemas de otros.
   - Conozca la HCAPE de sus ovejas para asegurarse de que está en el redil correcto.

3. Ayude a sus ovejas a identificarse con usted
- Edifique la confianza con sus seguidores siendo un modelo de autenticidad, integridad y compasión.
- Establezca niveles altos de actuación.
- Comunique continuamente sus valores y sentido de misión.
- Defina la causa para sus seguidores y dígales dónde encajan ellos.
- Recuerde que el buen liderazgo no es solo profesional, sino también personal.

4. Haga que su lugar de pastoreo sea seguro
- Mantenga a sus compañeros de trabajo bien informados.
- Haga sentir que *todas* las posiciones son importantes.
- Saque del rebaño a los instigadores crónicos.
- Traslade regularmente a pastor frescos.
- Reafirme a las ovejas manteniéndose visible.
- No le dé tiempo a los problemas para enconarse.

5. La vara de dirección

- Sepa a dónde va, póngase al frente y mantenga a su rebaño en movimiento.
- Cuando dirija, use la persuasión en vez de la coacción.
- Dé a su gente libertad de movimientos, pero asegúrese de que saben bien dónde comienza la cerca. ¡No confunda límites con bridas!
- Cuando sus supervisados se meten en problemas ayúdelos a salir de ellos.
- Recuerde a su gente que el fallar no es algo fatal.

6. El cayado de corrección

- *Proteger*: Esté dispuesto a levantarse y luchar por sus ovejas.
- *Corregir*: Enfoque la disciplina como una oportunidad para enseñar.
- *Inspeccione*: Pregunte regularmente acerca del progreso de su gente.

7. El corazón del pastor
- El liderazgo de calidad es un estilo de vida, no una técnica.
- Cada día tiene que decidir quién va a pagar por su liderazgo: Usted o su gente.
- La mayoría de nosotros tiene corazón por su rebaño.

Reconócelo en todos tus caminos…

Notas

Capítulo 2. Descubra la forma de sus ovejas
1. Barbara Smith, Mark Aseltine y Gerald Kennedy, *Beginning Shepherd's Manual*, 2ª edición. (Ames, Iowa: Iowa State University Press, 1997), 19.
2. Adaptado de Rick Warren, «When You Say Someone is SHAPED for Ministry, What Do You Mean?» Rick Warren's Ministry Toolbox núm. 52 (22 marzo 2002),1.
3. De Phillip Keller, *A Shepherd Looks at Psalm 23* (Grand Rapids: Zondervan, 1970), 32.

Capítulo 3. Ayude a sus ovejas a identificarse con usted
1. Ibíd., 23.

Capítulo 4. Haga que su lugar de pastoreo sea seguro
1. Este término fue acuñado por Adam Brandenburger de la Escuela de Comercio de la Universidad de Harvard y Barry Nalebuff de la Escuela de Administración de la Universidad de Yale. Es el título de un libro que publicaron en 1996 con Doubleday.
2. Keller, *A Shepherd Looks at Psalm 23*, 28.
3. Ibíd., 35.
4. Ibíd., 44.

Capítulo 5. La vara de dirección

1. Barbara Smith, Mark Aseltine y Gerald Kennedy, *Beginning Shepherd's Manual*, 8.

2. Larry Pierce, The New John Gill Exposition of the Entire Bible, Modernised and Adapted for the Computer (Winterbourne, Ontario: Online Bible), http://www.studylight.org/com/geb.

3. M. G. Easton, Illustrated Bible Dictionary, 3ª ed. (Thomas Nelson, 1897). En dominio público; copiado libremente.

4. Barbara Smith, Mark Aseltine y Gerald Kennedy, *Beginning Shepherd's Manual*, 73.

5. Donald T. Phillips, *Lincoln on Leadership: Executive Strategies for Tough Times* (Nueva York: Warner, 1993), 38

6. Adaptado de Keller, *A Shepherd Looks at Psalm 23*, 103

7. Jack Welch y John A. Byrne, *Jack: Straight from the Gut* (Nueva York: Warner Business, 2001), 29.

Capítulo 6. El cayado de corrección

1. Fred H. Wright, *Manners and Customs of Bible Lands* (Chicago: Moody Press, 1953), 149.

2. Keller, *A Shepherd Looks at Psalm 23*, 95.

Capítulo 7. El corazón del pastor

1. Wright, *Manners and Customs of Bible Lands*, 157. (Véase también Juan 10:3).

2. Ibíd., 155.

3. Ibíd.

Nos agradaría recibir noticias suyas.
Por favor, envíe sus comentarios sobre este libro
a la dirección que aparece a continuación.
Muchas gracias.

Editorial Vida
Vida@zondervan.com
www.editorialvida.com

Printed in the USA
CPSIA information can be obtained
at www.ICGtesting.com
JSHW032027250624
65366JS00008B/14